DALAI LAMA

Empathie

DALAI LAMA

Empathie

Es fängt bei dir an
und kann die Welt
verändern

Aus dem Amerikanischen
von Bernardin Schellenberger

FREIBURG · BASEL · WIEN

Titel der Originalausgabe:

The Heart of Meditation
Discovering Innermost Awareness
The Dalai Lama
Translated and edited by Jeffrey Hopkins from oral teachings
A teaching on Patrul Rimpoche's
Three Keys Penetrating the Core

By arrangement with Shambhala Publications, Inc., Boulder
© 2016 by The Dalai Lama Trust

MIX
Papier aus verantwor-
tungsvollen Quellen
FSC® C083411

Deutsche Erstausgabe

Für die deutsche Ausgabe:
© Verlag Herder GmbH, Freiburg im Breisgau 2017
Alle Rechte vorbehalten
www.herder.de

Satz: post scriptum, Emmendingen/Hüfingen
Herstellung: CPI books GmbH, Leck

Printed in Germany

ISBN 978-3-451-31155-0

Inhalt

Zweiter Teil

Einführung in die
Große Vollständigkeit

Dritter Teil

Kommentar zu Patrul Rinpoches
Drei Schlüssel, die zum Kern vordringen

Vierter Teil
Vergleich zwischen der Alten und den Neuen Übersetzungsschulen

Anhang

Vorwort

In diesem außergewöhnlichen Buch erschließt Seine Heiligkeit der Dalai Lama tiefe innerliche Details über die Meditation. Seine Heiligkeit vertraute mir diesen Text in seinem Privatbüro in Dharamsala, Indien, an; ich sollte ihn bei dessen öffentlichem Vortrag ins Englische übersetzen. Für das vorliegende Buch habe ich diese privaten Unterweisungen mit den Seminarvorträgen im Londoner Camden Centre verwoben. Damit bietet sich den Lesern eine eindrucksvolle Anleitung, wie sie sich in einen Tiefenzustand jenseits der beengenden Überlagerungen der vielen Gedanken versetzen können, um so im nackten Kern der innerlichsten Geistestiefe zu verweilen. Dabei geht es darum, Freiräume zwischen den Gedanken zu schaffen und eine tiefere Ebene der grundlegenden Wahrnehmung zu erfahren, diese zutage zu fördern und damit die Basis einer jeglichen bewussten Erfahrung wahrzunehmen.

Das Buch gliedert sich in vier Teile. Im ersten stellt der Dalai Lama den Kontext der außergewöhnlich direkten Unterweisungen eines Gedichts vor, indem er im Einzelnen die an dessen Ende stehende Anweisung auslegt, man solle sich in die Empathie mit allen Lebewesen und in die Kenntnis der Natur aller Phänomene einüben, von Personen wie auch von Gegenständen. Im zweiten stellt er das »System der Großen Vollständigkeit« vor und verweist auf die innerlichste Wahrnehmung als das Prinzip, das allen Orden des tibetischen Buddhismus gemeinsam als Grundlage dient. Im dritten kommentiert er das inspirierte Gedicht und erschließt dessen Sinn, indem er ausführlicher über die drei Schlüssel spricht, die dessen wesentliche Botschaft ausmachen: wie man die innerlichste Achtsamkeit in sich selbst entdecken kann, wie man in allen Zuständen mit der innerlichsten Wahrnehmung in Kontakt bleibt und wie man sich von zu vielem Denken befreit. Der gemeinsame Faden dieser ersten drei Teile lässt sich leicht erkennen: Indem man seine mitfühlende Empathie auf alle Lebewesen ausweitet, bricht man die Schranken nieder, die uns in unzählige kontraproduktive destruktive Gedanken und Handlungen gefangen halten. Und indem man die Natur des Geistes, seiner selbst und der Gegenstände, erkundet, neutralisiert man die Verlockung ihrer verführerischen Konkretheit und ermöglicht es, den Raum zwischen den Gedanken zu nutzen und einen tieferen Geist sich manifestieren zu lassen. Im vierten Teil bringt er weitere Erläuterungen zu speziellen spirituellen Themen wie etwa demjenigen der zwei Wahrheiten: der konventionellen und der letzten; über die Reinheit von Anfang an, die innere und äußere Leuchtkraft, die stufenweise Verringerung der Begrifflichkeit und die Steigerung der Aktualisierung der innerlichsten Wahrnehmung, und er identifiziert das klare Licht inmitten jeglicher Bewusstheit.

Diese vier Teile verstärken einander gegenseitig; deshalb werden Sie darin je nach Gefallen bestimmte Stellen immer wieder einmal lesen wollen.

Ich möchte hinzufügen, dass für mich der Aufenthalt in London für die Vorlesungen im Camden Centre höchst interessant war. Meine Vorfahren beiderseits, die Hopkins und Adams, lebten seit der Zeit der Revolution in Amerika, und beide führten ihre Wurzeln auf England zurück. Meine Faszination für die Heimat meiner Vorfahren entstammte hauptsächlich dem Wunsch, herauszufinden, ob ich mich noch irgendwie mit den Engländern verbunden fühlte. Der Dalai Lama wohnte im Haus des Pazifisten, Ökumenikers und Feministen Reverend Edward F. Carpenter, Dekan (von 1974 bis 1986) von Westminster, und dessen Frau Lilian, die ich beide unverzüglich als sehr warmherzig und offen erlebte. Ich wurde einige Häuserblocks weiter im Liberal Club untergebracht und musste immer durch die Downing Street gehen, wo sich der Wohnsitz und das Büro des Premierministers befinden. Mein innerlich immer noch jugendlicher Hang zum Übertreten von Vorschriften verführte mich dazu, einige Schritte in Richtung Nummer 10 zu gehen und lange genug anzuhalten, um die Sicherheitsleute nervös zu machen.

Am 2. Juli bot mir Lilian Carpenter eine Führung durch die majestätische, aber schrecklich graue Westminster Abbey, bei der wir uns angeregt und entspannt unterhielten. Wir verbrachten eine höchst angenehme Zeit, genossen unser Zusammensein und versuchten die Geschichte der großen Führungspersönlichkeiten Englands nachzuverfolgen, an die mit großen Steinmonumenten erinnert wurde. Ich muss allerdings zugeben, dass mir meine Vorfahren zunehmend fremder wurden, obwohl ich mich in Lilian Carpenters Gesellschaft bestens aufgehoben fühlte.

Am Tag danach ging ich wieder in die Westminster Abbey, um für Seine Heiligkeit zu übersetzen. Ein Knabenchor sang mit den Engelsstimmen der Jugend, und Seine Heiligkeit wurde vorgestellt. Den ersten Satz, den er an die in dieser großen Abteikirche versammelten Zuhörer richtete, sprach er auf Tibetisch: »Gebäude interessieren mich nicht«, wobei er mit seiner Hand eine leichte Geste machte, mit der er auf das ihn umgebende Bauwerk hinwies und es sozusagen in Richtung Himmel fortwischte. Das war tatsächlich seine erste öffentliche Stellungnahme in London; er sprach nicht weiter, sondern hielt inne, damit ich übersetzte. Ich hatte aber keine Ahnung, worauf er hinaus wollte und was folgen würde, sodass mir jeglicher Kontext fehlte. Aber mir liegt sehr daran, das, was ein Lama sagt, genau zu übersetzen, selbst wenn der Kontext eine bestimmte Wortwahl offenlässt. Doch hier hatte ich keinen; mein einziger Kontext war, dass dieses Bauwerk der Zuhörerschaft recht viel bedeutete. Aber darum ging es hier nicht. Es ging um das, was er sagen wollte, und so musste ich seine Worte ganz genau übersetzen, und das tat ich dann auch. Das war sein zweiter Besuch in England, aber beim ersten war er nicht zum Lehren gekommen, und so hatte auch das Publikum keinen Kontext. Es zeigte sich kaum eine Reaktion; die Gesichter der Zuhörer wirkten, als habe er überhaupt nichts gesagt. Seine Heiligkeit fuhr fort: »Mich interessiert, was in Ihren Köpfen und Ihren Herzen vorgeht.« Wenn er das heutzutage sagt, weckt er unverzüglich Verständnis, ein tiefes Empfinden der Zustimmung; aber als ich an diesem Tag in der Westminster Abbey auf das Publikum blickte, schien es immer noch nicht zu reagieren. Wenn bei diesen Zuhörern etwas vor sich ging, dann nur untergründig; im Lauf der Zeit tauten sie jedoch offensichtlich auf.

Seine Heiligkeit sprach aus tiefster Überzeugung, und langsam hat die Welt diese wunderbare Persönlichkeit erkannt und schätzen gelernt, diesen Menschen, der uns aufruft, nach innen zu sehen. Die Botschaft ist immer die gleiche geblieben. Als er schließlich zum Lama der ganzen Welt wurde, hat sie sich bis in alle ihre Einzelheiten entfaltet.

Ich will hier noch eine amüsante Geschichte erzählen. Vor unserer Ankunft in London reisten der Dalai Lama und seine Begleiter nach Edinburgh, Glasgow, Coventry usw. Unterwegs hörten wir immer wieder: »Am 5. Juli wird er in der Royal Albert Hall einen Vortrag halten!« Ich bekam den Eindruck, diese Royal Albert Hall müsse die größte Renommierhalle ganz Großbritanniens sein. Tatsächlich ist sie ja großartig mit ihren fünf gewundenen Balkonen rings um die Bühne, sodass kein Sitz weit von ihr weg ist, was zugleich ein starkes Gefühl der Intimität vermittelt. Die

Bühne krümmt sich derart ins Publikum hinein, dass die Zuschauer fast die Ellbogen darauf stützen können. Seine Heiligkeit und ich standen in der Mitte, und links von uns saß in einigem Abstand ein Mann in der ersten Reihe, der nach ungefähr zwei Dritteln des Vortrags eine Getränkedose hervorholte und aufriss, sodass ein lautes Zischen zu hören war. Wie immer, ließ sich Seine Heiligkeit davon überhaupt nicht beeindrucken, aber da ich stets das Gefühl habe, ich müsse den Dalai Lama als Erster abschirmen, weil ich so nahe bei ihm stehe, befürchtete ich, der Mann habe vor, ihn mit Limonade zu besprühen. Aber nichts dergleichen geschah und der Vortrag verlief einwandfrei. Der Dekan sprach seine Abschiedsworte, und als wir hinter die Bühne traten, flüsterte ich einigen Leuten vom tibetischen Sicherheitspersonal zu, sie sollten genau auf den Mann in der ersten Reihe mit der Limonadendose aufpassen. Die Sicherheitsleute verstanden mein »with a soda« als »with a sword« (»mit einem Schwert«) und trafen unverzüglich spezielle Vorsichtsmaßnahmen. Später rügten sie mich deswegen und hänselten mich wegen meines unklaren Flüsterns.

Nach dem Vortrag in der Royal Albert Hall über »Peace of Mind, Peace in Action« (»Geistesfriede ist Friede in Aktion«), der sehr herzlich aufgenommen wurde, kehrte Seine Heiligkeit an den viel kleineren Veranstaltungsort im Camden Centre in London zurück, wo er tags zuvor mit einem viertägigen Seminar über die zentrale buddhistische Lehre von der Interdependenz begonnen hatte. Nach Ende dieser

Veranstaltungsreihe hielt er eine Reihe von fünf Vorträgen über jenes inspirierte Gedicht, das den Kern des vorliegenden Buchs ausmacht.

Dieses Buch ist sehr reichhaltig und spiegelt die Tiefen der tibetischen meditativen und denkerischen Kultur, die voller Güte und praktikabler Anregungen ist. Es ist ein glänzendes Beispiel dafür, wie diese großartige tibetische Zivilisation, die einen so enormen Einfluss auf ganz Asien hatte, weiterhin der Welt zum Guten gereicht.

Jeffrey Hopkins, PhD
Vorsitzender des UMA Institute of Tibetan Studies
Emeritierter Professor für tibetische Studien
an der University of Virginia

Erster Teil

Der buddhistische Weg

1.

Was es vor allem
einzuüben gilt

Dank eines Netzes elektronischer Kommunikation und sofort verfügbarer Informationen ist der Großteil unserer Welt mittlerweile eng miteinander verbunden. Im 21. Jahrhundert hat unsere globale Wirtschaft die Nationen und ihre Bevölkerung stärker denn je in eine gegenseitige Abhängigkeit versetzt. In früheren Zeiten stellte der Handel zwischen einzelnen Nationen keine Notwendigkeit dar. Heute dagegen kann man unmöglich noch isoliert voneinander existieren. Wenn es also Nationen am gegenseitigen Respekt ermangeln lassen, sind Probleme unvermeidlich. Und es gibt ernsthafte Anzeichen für Schwierigkeiten – nicht nur zwischen ärmeren und reicheren Nationen, sondern zwischen ärmeren und reicheren Gruppen innerhalb einer Nation. Doch diese ökonomischen Risse lassen sich mittels eines stärkeren Sinns für die globale wechselseitige Abhängigkeit (»Interdependenz«) und Verantwortung beheben. Das Volk der einen Nation muss die Bevölkerung anderer Nationen und auch die Menschen innerhalb der eigenen Nation wie Brüder und Schwestern betrachten, denen das Recht zusteht, in Freiheit den eigenen Fortschritt zu verfolgen.

Den besten Bemühungen führender Persönlichkeiten in der Welt zum Trotz brechen jedoch immer wieder neue Krisen aus. In Kriegen kommen Unschuldige zu Tode; ständig müssen ältere Menschen und Kinder sterben. Viele Soldaten, die im Kampf stehen, tun das nicht freiwillig; diese unschuldigen Soldaten erfahren echtes Leid, was sehr traurig ist. Der Handel mit Waffen – Tausenden und Abertausenden Typen von Waffen und Munition –, betrieben von Produzenten in großen Ländern, nährt die Gewalttätigkeit; aber noch gefährlicher als Schusswaffen oder Bomben sind Hass, fehlendes Mitgefühl und mangelnder Respekt vor den Rechten anderer. Solange der Hass noch im Geist des Menschen wohnt, ist ein echter Friede nicht zu erreichen.

Wir müssen alles uns nur Mögliche tun, um den Krieg zu beenden und die Welt von Nuklearwaffen zu befreien. Als ich Hiroshima, das Ziel der ersten Atombombe, besuchte und den Ort des Geschehens sah und mir die Geschichten von Überlebenden anhörte, war ich tief in meinem Herzen bewegt. Wie viele Menschen starben da in einem einzigen Augenblick! Wie viele mehr wurden verwundet! Wie viel Schmerz und Verzweiflung schafft der Nuklearkrieg! Aber sehen Sie, wie viel Geld immer noch für Massenvernichtungswaffen ausgegeben wird! Das ist schockierend und eine unermessliche Schande.

Die Fortschritte in Naturwissenschaft und Technik haben der Menschheit tatsächlich in hohem Maß zum Wohl gereicht, aber das hat seinen Preis. Während wir zum Beispiel die Entwicklung von Flugzeugen genießen, die es uns ermöglichen, die Welt sehr einfach zu bereisen, muss uns bewusst sein, dass zugleich auch Waffen mit einem enormen Vernichtungspotenzial geschaffen wurden. Ganz gleich, wie schön oder abgelegen manche Länder liegen mögen – dennoch leben viele ihrer Einwohner in ständiger Angst vor einer sehr realen Bedrohung: Tausende und Abertausende von nuklearen Kriegswaffen sind auf sie gerichtet und für einen Angriff in Stellung gebracht, eine einzelne Nuklearwaffe könnte sogar in eine Großstadt geschmuggelt werden. Aber es sind Menschen, die sie zünden müssen, und folglich liegt die letzte Entscheidung und Verantwortung immer bei uns Menschen.

Der einzige Weg, dauerhaften Frieden zu erlangen, führt über gegenseitiges Vertrauen, Respekt, Liebe und Güte. Das ist der einzige Weg. Die Versuche der Weltmächte, einander gegenseitig im Wettrüsten zu übertrumpfen – sei es mit nuklearen, chemischen, biologischen oder konventionellen Waffen –, sind immer kontraproduktiv. Wie kann eine Welt voller Hass und Wut zu echtem Frieden finden?

Äußerer Friede ist ohne inneren Frieden nicht möglich. Es ist lobenswert, sich um äußerliche Lösungen zu bemühen, aber diese lassen sich nicht erfolgreich verwirklichen, solange Menschen Hass und Wut in sich tragen. Hier muss der tiefe Wandel ansetzen. Wir als Einzelne müssen daran arbeiten, die grundlegenden Sichtweisen zu verändern, auf denen unsere Gefühle beruhen. Das bringen wir nur mit konsequentem Einüben fertig, indem wir uns ganz konkret engagieren, und zwar mit dem Ziel, nach und nach die Art und Weise der Wahrnehmung unserer selbst und anderer neu auszurichten.

Der verzweifelte Zustand unserer Welt ruft uns dazu auf, tätig zu werden. Jeder von uns ist dafür verantwortlich, dass wir versuchen, auf der tieferen Ebene unseres gemeinsamen Menschseins hilfreich zu handeln. Bei der Verteidigung ideologischer Vorstellungen bleibt das Menschsein leider allzu oft auf der Strecke. Das ist völlig falsch. Eigentlich sollten politische Systeme die Menschen fördern, aber hier verhält es sich wie mit dem Geld: Diese Systeme kontrollieren uns, anstatt uns zu dienen.

Wenn wir mit einem offenen Herzen und mit Geduld die Ansichten anderer gelten lassen und wenn wir es fertig bringen, in friedlichen Diskussionen Ideen auszutauschen, können wir übereinstimmende Aspekte finden. Aus Liebe und Mitgefühl mit der Menschheit sind wir dafür verantwortlich, uns um Harmonie zwischen den Nationen, Ideologien, Kulturen, ethnischen Gruppen und wirtschaftlichen und politischen Systemen zu bemühen.

Wenn wir wirklich begreifen, dass die gesamte Menschheit untrennbar zusammengehört, wird das unsere Motivation stärken, Frieden zu stiften. Im tiefsten Sinn sind wir ja wirklich alle Schwestern und Brüder, und deswegen müssen wir auch gemeinsam unsere Leiden tragen. Unsere größten Quellen der Hoffnung für einen andauernden Weltfrieden sind gegenseitiger Respekt, Vertrauen und Sorge um das Wohl der anderen.

In dieser Hinsicht tragen sicherlich die nationalen Führungskräfte eine ganz besondere Verantwortung, aber auch jeder Einzelne muss die Initiative ergreifen, und zwar ohne Blick auf die jeweilige Religion. Bürger dieses Planeten sind wir einfach dadurch, dass wir Menschen sind, dass wir nach Glück streben und Leid zu vermeiden suchen. Wir alle sind mitverantwortlich dafür, eine bessere Zukunft zu schaffen.

Wenn wir eine freundschaftliche Einstellung, ein offenes Herz, Respekt vor den Rechten anderer und Sorge um deren Wohlbefinden entwickeln wollen, müssen wir jedoch unseren Geist schulen. Das wesentliche Ziel der geistigen Einübung besteht darin, eine Einstellung des Mitgefühls und der Stille zu entwickeln. Diese Geistesverfassung ist in der menschlichen Gesellschaft von heute von besonders entscheidender Bedeutung, denn sie verfügt über die Kraft, zwischen Nationen, Rassen und Menschen aus verschiedenen religiösen, politischen und wirtschaftlichen Systemen eine wirkliche Harmonie herzustellen. Mit einem mitfühlenden und ruhigen Geist können wir den Willen und den Antrieb dazu entwickeln, Veränderung herbeizuführen.

Stimmen Sie dem zu? Oder halten Sie das für Unsinn? Ich bin nur ein einfacher buddhistischer Mönch. Was ich sage, entstammt meiner eigenen Praxis, und die ist beschränkt. Aber ich versuche, diese Ideen in meinem Alltagsleben zu verwirklichen, besonders wenn ich vor Problemen stehe. Natürlich scheitere ich manchmal. Zuweilen ärgere ich mich. Gelegentlich verwende ich ein grobes Wort, aber wenn mir das passiert, fühle ich unverzüglich: »Oh, das ist falsch.« Das empfinde ich, weil ich die Übungen des Mitgefühls und der Weisheit verinnerlicht habe.

Ich war erst fünfzehn, als die chinesischen Kommunisten Osttibet besetzten, und binnen eines Jahres entschied die tibetische Regierung, dass ich Tibets Staatsangelegenheiten leiten sollte. Es war eine schwierige Zeit, in der wir mit ansehen mussten, wie unsere Freiheit untergraben wurde. 1959 sah ich mich gezwungen, im Schutz der Nacht aus der Hauptstadt zu fliehen. Im Exil in Indien standen wir tagtäglich vor neuen Problemen. Sie reichten von der Notwendigkeit, uns an das radikal andere Klima zu gewöhnen, bis hin zu unserem Bedürfnis, unsere kulturellen Einrichtungen wieder aufzubauen. Meine spirituelle Praxis verlieh mir eine Sichtweise, die es mir ermöglichte, unermüdlich nach Lösungen zu suchen, ohne die Tatsache aus dem Auge zu verlieren, dass wir alle Menschen sind, die von falschen Ideen in die Irre geführt werden können und dennoch mit gemeinsamen Banden zusammengehalten werden, Menschen, die sich verbessern lassen.

Daraus habe ich gelernt, dass für das Alltagsleben die Einstellungen des Mitgefühls, der Ruhe und der Einsicht ganz wesentlich sind und dass man sie durch tägliche Übung pflegen muss. Schwierigkeiten ergeben sich zwangsläufig, und so ist es grundlegend, dass man die richtige Einstellung entwickelt. Wut vermindert unsere Fähigkeit, Richtiges von Falschem unterscheiden zu können, aber diese Fähigkeit ist eine der kostbarsten Ausstattungen des Menschen. Wenn sie uns verloren geht, sind wir selbst verloren. Zuweilen ist es notwendig, mit Stärke zu reagieren, aber das kann man auch ohne Wut tun. Wut ist nicht notwendig. Sie besitzt keinen Wert. Es sind Mitgefühl und Ruhe, die einen lang anhaltenden starken Willen lebensfähig machen.

Ich bezeichne die Empathie als globale Notwendigkeit. Die ganze Menschheit hat es von Grund auf nötig, alles mit geistigem Frieden und einem soliden mitfühlenden Blick ins Auge zu fassen. Für Studenten, Politiker, Ingenieure, Naturwissenschaftler, Hausfrauen und -männer, Ärzte, Lehrer, Richter – für alle Menschen in jedem Lebensstadium – ist eine gesunde, mitfühlende Motivation die Grundlage gesunden Wachstums.

Die meisten Zeitgenossen, die mit Tibetern in Berührung gekommen sind, empfinden sie als liebenswert und sagen, sie hätten einen guten Charakter. Trotz der Tatsache, dass sie sich in einem Zustand ungewöhnlichen Leidens befänden, weil sie infolge einer Invasion ihr Land verloren hätten, seien sie bemerkenswert entspannt geblieben. Manche meinen, so sei das tibetische Volk eben von Natur aus, aber die meisten begreifen, dass diese Einstellung einer bestimmten Denkungsart entstammt, nämlich der Bereitschaft, schlechte Umstände für die spirituelle Reifung zu nutzen. Deswegen sind sie nicht niedergeschlagen, und ihre innere Freiheit von Besorgnis zeigt sich nach außen in Form eines unbeschwerten Verhaltens. Das ist der Lehre vom Mitgefühl zu verdanken, die in Tibet weit verbreitet war.

Es bietet viele Vorzüge, wenn man Empathie an den Tag legt, in welchem Grad auch immer. Zudem ist es sehr wichtig, in sich den lebhaften Wunsch danach zu entwickeln, künftig zu noch stärkerem mitfühlendem Handeln befähigt zu werden. Für jegliche Aktivität, die mit der menschlichen Gesellschaft verbunden ist, sind Empathie und Liebe von lebensnotwendiger Bedeutung, ganz gleich, ob man Politiker, Geschäftsmann, Sozialarbeiter, Naturwissenschaftler, Ingenieur usw. ist. Wenn Menschen ihre Arbeit mit einer guten Motivation ausüben, trägt diese Arbeit zum Wohlergehen der Menschheit bei. Wenn Menschen ihren Beruf dagegen nicht mit dieser Motivation ausüben, sondern aus Selbstsucht oder voller Zorn, erfährt dieser Beruf eine Entstellung. Statt der Menschheit zum Wohl zu gereichen, bringt das im Beruf erworbene Wissen eher Verhängnisvolles mit sich. So ist also das Mitgefühl ganz wesentlich.

Ich weiß aus meiner eigenen Erfahrung, dass es möglich ist, innere Einstellungen zu ändern und den menschlichen Geist zu verbessern. Auch wenn der Geist des Menschen farblos, formlos und zuweilen schwach ist, kann er stärker werden als Stahl. Wenn wir bewusst daran arbeiten, unseren Geist mit Willensstärke und Kraft zu verbessern, wenn wir es versuchen, versuchen und nochmals versuchen, dann mögen wir zu Anfang auf noch so viele Schwierigkeiten stoßen, am Ende aber werden wir trotzdem siegen. Mit Geduld, mit Übung und wenn wir uns ausreichend Zeit geben, wird eine Änderung eintreten. Lassen Sie sich nicht entmutigen, fassen Sie vielmehr Mut und erwerben Sie sich damit die Fähigkeit, das zustande zu bringen, was immer Ihnen möglich ist.

2.

Empathie

Die grundlegende Übung

In den nächsten drei Kapiteln werde ich einiges über den spirituellen Weg des Buddhismus sagen, der aus der Einübung von Empathie, Meditation und Erkenntnis besteht. Das erste, die Empathie – also die Güte oder das Mitgefühl –, bildet die Grundlage des Buddhismus. Mit dieser grundlegenden Motivation zum Mitleiden, zur Liebe, Güte, Toleranz und Selbstdisziplin sind in den vielfältigen Arten des Buddhismus verschiedene Philosophien und unterschiedliche Methoden verbunden, aber bei allen läuft es auf das eine Ziel hinaus, allen fühlenden Lebewesen zu helfen. Der Buddhismus ist reichhaltig und verfügt über viele Erklärungen der Techniken, die dazu dienen, Mitgefühl zu entwickeln, sich darin einzuüben und es in die Praxis umzusetzen.

Am Anfang der spirituellen Übung geht es im Wesentlichen darum, anderen nicht zu schaden. Gewaltlosigkeit ist die Wurzel; folglich ist der Grundansatz das Mitgefühl. Sodann weiten wir unseren Blick dahin aus, anderen zu dienen und ihnen zu helfen, und das beruht darauf, dass man die eigene Selbstsucht zügelt. Dadurch reift das Mitgefühl. Die Einübung des Mitgefühls besteht zu Anfang, wenn wir unsere Fähigkeiten, anderen zu helfen, noch nicht entwickelt haben, darin, auf andere zuzugehen und ihnen zu helfen. So ist in beiden dieser Fälle die Grundlehre das Mitgefühl.

Wesentlich dafür ist die innere Entwicklung, und daher ist es wichtig, zu wissen, wie man sie hervorruft. Es gibt ein »Ich«, das in Abhängigkeit von Geist und Körper existiert, und uns allen ist es angeboren, dieses »Ich« wahrzunehmen. Dieses Empfinden des »Ich« ist ein natürlicher, angeborener, korrekter Begriff. Auf seiner Grundlage entwickeln wir den Wunsch, glücklich zu werden und nicht leiden zu müssen. Das Erlangen von Glück ist ein Naturrecht. Es wird ganz einfach durch die Tatsache gerechtfertigt und bekräftigt, dass wir von Natur aus und zu Recht das Glück wollen und das Leiden nicht wollen.

Jeder Mensch hat dieses Empfinden, glücklich werden zu wollen, und auf dieser Grundlage hat er gleichermaßen das Recht, glücklich zu werden und Leiden loszuwerden. Hier stellt sich unvermeidlich eine Frage. Ich bin nur ein einzelner Mensch, während die anderen unzählig viele sind. Unsere Ausgangslage ist also die gleiche, insofern wir alle das Glück wollen. Der einzige Unterschied zwischen uns besteht in unserer Zahl: Ich bin ein Einzelner, während die anderen Unzählige sind. Von daher ergibt sich diese Frage: Sollten alle dafür sorgen, dass ich glücklich werde, oder sollte ich darauf hinarbeiten, dass andere glücklich werden?

Von daher ist die einfachste Methode dafür, Mitgefühl zu erzeugen, die folgende:

Stell dir bildhaft vor, wie du als neutrale Person in der Mitte stehst. Stell dir dann vor, wie zu deiner Linken andere Lebewesen stehen, mindestens zehn oder fünfzehn oder sogar hundert; stell dir bedürftige Menschen mit armseligen Lebensbedingungen vor. Jetzt stell dir auf deiner rechten Seite noch einmal dich selbst vor, aber als selbstsüchtig, übertrieben stolz und ohne jeden Gedanken an das Wohl anderer, sondern nur auf dein eigenes Wohl bedacht. Bleib als dritter, die Situation abschätzender Mensch in der Mitte. Sowohl der einzelne selbstsüchtige Mensch auf der rechten Seite als auch die Gruppe bedürftiger Menschen auf der Linken wollen das Glück und wollen nicht leiden; beide haben gleichermaßen ein Recht auf Glücklichsein und darauf, ihr Leiden loszuwerden. Auf welche Seite würdest du dich als der Einschätzende stellen?

Das ist eine Möglichkeit, unsere Einstellung gegenüber anderen zu ändern.

Eine andere Möglichkeit besteht darin, über die Tatsache nachzudenken, dass es in der Natur der menschlichen Gesellschaft liegt, dass niemand in vollständiger Isolation leben kann. Wir sind von Natur aus aufeinander angewiesen (»interdependent«), und wenn wir nun einmal miteinander leben müssen, warum dann nicht mit einer positiven Einstellung, einer guten Geisteshaltung? Woher kommt es, dass wir stattdessen Hass aufeinander empfinden und eher Probleme in die Welt bringen?

Wir müssen aus den Tiefen unseres Wesens heraus die Ichbezogenheit als Fehlhaltung ansehen. Bis zum heutigen Tag hat im Zentrum unseres Herzens Eigenliebe geherrscht, zusammen mit ihrem Partner Unwissenheit. Bei uns allen, vom kleinen Käfer bis zum höheren Lebewesen, hat die Eigenliebe unsere Sichtweise beherrscht, das Unwissen hat sie angestachelt, und so waren wir, so gut wir konnten, ganz auf unser eigenes Glücklichsein aus. Aber die meisten unserer Handlungen, die uns eigentlich glücklich machen sollten, haben lediglich immer wieder Unglück verursacht.

Wenn wir uns die alltäglichen Ereignisse in der heutigen Weltsituation ansehen und über sie nachdenken, erkennen wir, dass die Art, wie die Welt derzeit zugrunde gerichtet wird, auf dieser Eigenliebe beruht. Die Probleme, in denen wir, getrieben von der Eigenliebe, stecken, beschränken sich nicht nur auf die gegenwärtige Lebenszeit, sondern sie sind etwas, in dem wir bereits seit anfangsloser Zeit versunken sind. Der indische Gelehrte und Yogi Shantideva schreibt in seiner *Anleitung zum Leben als Bodhisattva*, wir sollten bedenken, in welch einen Morast uns die Eigenliebe gebracht hat, und wir sollten dies mit den wunderbaren Eigenschaften und dem herrlichen Zustand des Altruismus vergleichen, der sich dank der Liebe zu anderen entfaltet. Vergleichen Sie diese beiden Zustände miteinander, und Sie werden leicht erkennen, welcher vorzuziehen ist.

Deswegen ist diese Art von Reflexion für die gegenwärtige Gesellschaft sehr nützlich, zumal dann, wenn die Gefahr besteht, dass in der Menschheit die Probleme von Unruhen, Gewalttätigkeit, Terrorismus und Krieg um sich greifen. Unter diesen Umständen ist die Kraft des Mitgefühls, also die Kraft der Liebe und Güte, ganz wesentlich. Harmonie und Freundschaft, die wir in unseren Familien, Schulen, Gemeinschaften, Nationen und in der ganzen Welt brauchen, lassen sich nur durch Mitgefühl und Güte erlangen. Indem wir einander mit Sorge und gegenseitiger Achtung helfen, können wir viele Probleme einfach lösen. Dagegen kann in einem Klima des Misstrauens, Betrügens, Drangsalierens und niederträchtigen Konkurrenzdenkens keine Harmonie gedeihen.

Ein Erfolg, der durch Einschüchterung und Gewalt herbeigeführt worden ist, ist bestenfalls vorübergehend; seine unbedeutenden Gewinne schaffen nur neue Probleme. Aus diesem Grund kam es wenige Jahrzehnte nach der ungeheuren menschlichen Tragödie des Ersten Weltkriegs zum entsetzlichen Zweiten Weltkrieg, und Millionen von Menschen wurden getötet. Nach diesem brachen ständig neue Konflikte aus, einer um den anderen, und bis in das jetzige neue Jahrtausend hinein ist die Welt weiterhin von einer Menge gleichzeitigen, lange anhaltenden Blutvergießens gepeinigt. Wenn wir uns unsere lange Geschichte von Hass und Wut vor Augen halten, wird es offensichtlich, dass wir unbedingt einen besseren Weg finden müssen. Wir können unsere Probleme nur mittels friedlicher Mittel lösen – nicht bloß mit friedlichen Worten, sondern auch mit einem friedlichen Geist und Herzen. Wenn wir diesen Weg einschlagen, können wir eine bessere Welt erlangen.

Ist das möglich? Kämpfen, Betrügen und Drangsalieren, verstärkt durch unsere technologischen Innovationen, haben uns in die Falle unserer gegenwärtigen Situation getrieben; jetzt brauchen wir die Ausbildung in neuen Praktiken, um einen Ausweg daraus zu finden. Dieser mag unpraktisch und idealistisch erscheinen, aber wir haben zur Empathie keine Alternative, wenn uns am Wert jedes Menschen und am Einssein der Menschheit liegt; das ist der einzige Weg, bleibendes Glück zu erlangen. Bei der Empathie konzentriert man sich auf die Sorge um andere, und das führt zur Bereitschaft, ihnen im Maß unseres eigenen Vermögens zu helfen.

Mit diesem Gefühl des Einsseins reise ich von einem Land zum andern. Ich habe meinen Geist über Jahrzehnte hinweg geschult, und so gibt es für mich keine Schranken, wenn ich Menschen aus anderen Kulturen treffe. Ich bin der festen Überzeugung, dass wir alle grundsätzlich gleich sind, und zwar trotz unterschiedlichen Kulturen und verschiedenen politischen und wirtschaftlichen Systemen. Je mehr Menschen ich begegne, desto stärker wird meine Überzeugung, dass das Einssein der Menschheit, das auf Verständnis und gegenseitiger Achtung beruht, eine realistische und gangbare Grundlage für unser Verhalten bildet.

Wohin auch immer ich gehe, spreche ich über dieses Thema. Ich glaube, dass die Praxis des Mitgefühls und der Liebe – ein echtes Empfinden der Geschwisterlichkeit – die universale Religion ist. Es macht keinen Unterschied, ob man Buddhist oder Christ, Hindu, Muslim oder Jude ist, oder ob man überhaupt eine Religion praktiziert. Worauf es ankommt, ist das Gefühl des Einsseins mit der ganzen Menschheit.

3.

Meditation

Die Geisteskraft kanalisieren

Will man spirituelle Eigenschaften wie Liebe, Mitgefühl und Altruismus möglichst voll entwickeln, bedarf es dazu der Meditation. In seinem gegenwärtigen Zustand ist unser Geist viel zu zerstreut, und solange das der Fall ist, ist seine Stärke sehr begrenzt. Aber wenn es uns gelingt, ihn wie Wasser zu kanalisieren, erstarkt er. Deswegen eignet sich eine bestimmte Art von Meditation dazu, eine ruhige Geisteshaltung zu entwickeln, während eine andere Art dazu dient, besondere Einsicht dafür zu entwickeln, die Natur der Wirklichkeit zu ergründen. Beginnen wir mit der ersteren Art.

Falls wir nicht zu einer Konzentration fähig sind, bei der unser Geist stabil und klar bleibt, ohne hin- und herzuschwanken, kann unser Weisheitsvermögen seinen Gegenstand nicht so erkennen, wie er ist, mit all seinen Feinheiten. Daher ist es notwendig, sich zu konzentrieren. Bei der Einübung in die Konzentration gibt es zwei besonders ungünstige, hinderliche Faktoren, nämlich die Nachlässigkeit und die Erregung. Als Gegengift gegen beide brauchen wir die Achtsamkeit und die Innenschau.

Hier sei kurz beschrieben, wie man diese beiden Fähigkeiten erlangt: Wenn wir meditieren, gibt es zuerst einmal einen Gegenstand der Beobachtung, bei dem es sich entweder um einen äußeren Gegenstand oder den Geist selbst handelt. Besonders tiefgründig wird diese Übung, wenn man sich den Geist zum Objekt der Beobachtung wählt.

Was Ihre Körperhaltung angeht, sitzen Sie entweder mit ganz oder halb verschränkten Beinen. Verwenden Sie ein Kissen, damit Ihr Gesäß höher liegt – das wirkt sich dahingehend aus, dass Sie nicht ermüden, ganz gleich, wie lange Sie meditieren. Ihr Rückgrat sollte pfeilgerade sein, Ihr Genick leicht nach vorn geneigt; richten Sie ihre Augen über die Nase nach vorn; legen Sie die Zunge an den Gaumen; lassen Sie Ihre Lippen und Zähne in ihrer üblichen Stellung und lockern Sie Ihre Arme etwas, ohne sie gegen den Körper zu drücken. Legen Sie Ihre Hände in die Haltung meditativen Gleichgewichts, die linke Hand unter die rechte, sodass sich die beiden Daumenspitzen berühren und ein Dreieck entsteht, dessen unterer Schenkel ungefähr vier Finger breit unterhalb des Bauchnabels liegt.

Falls Ihr Geist von Begehren oder Hass besetzt ist, bedarf es einer bestimmten Technik, um sich von dieser Störung zu lösen. Das vorzüglichste Mittel dafür ist die Meditation über die Bewegungen des Ein- und Ausatmens, die man bis einundzwanzig mitzählt. Da der Geist nicht zu zwei gleichzeitigen Wahrnehmungen fähig ist, führt diese Meditation dazu, dass die bisherige Verstörung vergeht. Sodann ist es notwendig, eine tugendhafte Motivation zu erzeugen – vorzugsweise Mitgefühl, Altruismus oder den Wunsch, anderen zu helfen.

Zur Konzentration auf den Geist selbst: Verwehren Sie Ihrem Geist das Denken an Vergangenes und lassen Sie ihn nicht zu Dingen abschweifen, die in der Zukunft geschehen könnten; lassen Sie ihn stattdessen lebendig sein, ohne irgendwelche Gedankengebilde, einfach so, wie er ist. Wenn Sie in diesem Zustand verharren, verstehen Sie, dass der Geist einem Spiegel gleicht, in dem unter bestimmten Umständen jeglicher Gegenstand oder Begriff wie ein Spiegelbild auftauchen kann, denn der Geist als solcher ist von Natur aus reines Licht und Wissen, reine Erfahrung.

Der grundlegenden buddhistischen Einsicht zufolge ist der Geist seinem Wesen nach lichtvoll und wissend. Daher gehören emotionale Probleme nicht zum Wesen des Geistes; kontraproduktive Einstellungen sind vorübergehend und oberflächlich und lassen sich entfernen. Würden aufwühlende Emotionen wie etwa Wut in der Natur des Geistes liegen, müsste der Geist von Anfang an immer wütend sein. Das ist aber offensichtlich nicht der Fall. Wir werden nur unter bestimmten Umständen wütend, und wenn diese Umstände wegfallen, vergeht auch die Wut.

Welche Umstände gibt es, die als Auslöser dafür dienen, dass Wut entsteht oder Hass? Wenn wir wütend werden, kommt uns der Gegenstand unserer Wut schlimmer vor, als er in Wirklichkeit ist. Wir werden wütend, weil der betreffende Mensch uns verletzt hat, uns gerade verletzt oder uns oder unseren Freund verletzen wird.

Was ist dieses »Ich«, das verletzt wird?

Wir haben das Gefühl, dass sowohl das Subjekt, also »ich«, als auch das Objekt, der Feind, fest und unabhängig sind. Weil wir davon ausgehen, dass diese beiden Phänomene innerlich feststehen, entsteht in uns Wut. Nun können Sie aber bei diesem ersten Aufzucken von Wut Ihre Vernunft einsetzen und die Fragen stellen:

»Wer bin ich? Wer ist das, der/die da verletzt wird?
Wer ist der Feind? Ist der Feind der Körper? Ist der
Feind der Geist?«

Sie werden merken, dass dann dieser fest existierende Feind, der eben noch seinem Wesen nach als dazu geschaffen erschien, über ihn wütend zu werden, und dieses Ich, das dazu geschaffen erschien, verletzt zu werden, zu verschwinden scheinen. Damit verpufft die Wut.

Denken Sie genauer darüber nach. Wir werden auf das wütend, was unsere Wünsche durchkreuzt. Wut wird vom falschen Verständnis genährt, dass der Gegenstand und Sie selbst wie folgt gebaut sind: als Feind und als Opfer, und das in und aus sich selbst. Hass ist kein Bestandteil der Geistesgrundlage. Er ist eine Einstellung ohne feste Grundlage.

Die Liebe dagegen hat ihre feste Grundlage in der Wahrheit. Wenn über einen langen Zeitraum hin eine Einstellung mit fester Grundlage im Wettstreit mit einer Einstellung liegt, die keine solche feste Grundlage besitzt, wird schließlich diejenige mit der festen Grundlage die andere besiegen. Deshalb lassen sich Eigenschaften, die auf dem Geist beruhen, grenzenlos steigern, und wenn man Einstellungen steigert, die bedauerlichen Gefühlen entgegenwirken, verschwinden deren unguten Gegenkräfte und werden schließlich völlig ausgelöscht. Da der Geist über eine Wesensnatur der Lichtfülle und Erkenntnis verfügt, haben wir alle die grundlegende Ausstattung, derer es zum Erlangen der Erleuchtung bedarf.

Den Geist wahrnehmen

Vor ungefähr zwanzig Jahren war ich in Ladakh in Indien und vollzog dort eine Reihe von Meditationen. Ich hatte dabei eine Statue des Buddha Shakyamuni vor mir, wie das bis heute meine Gewohnheit ist. Das goldene Blatt im Herzen der Statue war abgewetzt, sodass diese Stelle bräunlich gefärbt war. Ich richtete meinen Blick auf das Herz der Statue, das keine attraktive Farbe hatte, achtete auf meinen Geist, und schließlich hörte mein Denken auf, und für kurze Zeit empfand ich die lichtvolle und erkennende Natur des Geistes. Als ich mich in der Folge immer wieder einmal darauf besann, wiederholte sich diese Erfahrung.

Es ist bei der täglichen Übung sehr hilfreich, die Natur des Geistes auszumachen und sich auf sie zu konzentrieren. Allerdings fällt es schwer, den Geist festzuhalten, denn er steckt verborgen unter unseren eigenen verstreuten Gedanken. Als Technik dafür, die grundlegende Natur des Geistes auszumachen, sollten Sie zuerst einmal aufhören, sich daran zu erinnern, was in der Vergangenheit war, und dann sollten Sie aufhören, daran zu denken, was in der Zukunft sein könnte. Lassen Sie den Geist so fließen, wie er will, ohne ihn mit Denken zu überdecken. Lassen Sie den Geist in seinem natürlichen Zustand ruhen, und sehen Sie ihm eine Weile zu.

Wenn Sie zum Beispiel ein Geräusch hören, können Sie in der Zeit zwischen dem Hören dieses Geräuschs und dem begrifflichen Vorstellen von dessen Quelle einen Geisteszustand wahrnehmen, der von Gedanken frei ist, der aber nicht schläft und bei dem der Gegenstand eine Spiegelung der Lichtfülle und Erkenntnis des Geistes ist. An einem solchen Punkt kann man die Grundnatur des Geistes erfassen. Zu Beginn, wenn Sie diese Übung noch nicht gewöhnt sind, ist das ziemlich schwierig, aber mit der Zeit erscheint der Geist wie klares Wasser. Versuchen Sie, in diesem Geisteszustand zu verharren, ohne sich von begrifflichen Gedanken ablenken zu lassen, und versuchen Sie, sich an ihn zu gewöhnen.

Üben Sie diese Meditation am frühen Morgen, wenn Ihr Geist erwacht und klar ist, aber Ihre Sinnesorgane noch nicht voll im Gang sind. Es ist hilfreich, am Abend zuvor nicht zu viel gegessen und nicht zu lange geschlafen zu haben – Ihr Schlaf wird dann leichter sein, und das macht auch am Morgen den Geist leichter und schärfer. Wenn Sie zu viel essen, kann Ihr Schlaf dick und schwer werden, fast wie ein Leichnam. Meine tägliche Gewohnheit ist es, mich beim Frühstück und Mittagessen gründlich zu sättigen, abends aber nur eine Kleinigkeit zu mir zu nehmen – und dann gehe ich früh zu Bett und stehe morgens um halb vier Uhr auf, um mit der Meditation zu beginnen.

Beobachten Sie, ob das Achtgeben auf die Natur des Geistes am frühen Morgen Ihren Geist tagsüber wacher sein lässt. Jedenfalls werden Ihre Gedanken sicher ruhiger sein.

Falls Sie in der Lage sind, täglich eine kleine Meditation abzuhalten, bei der Sie sich von Ihrem zerstreuten Geist zurückziehen, wird Ihr Erinnerungsvermögen zunehmen. Der begriffliche Geist, der ständig mit dem Denken an Gutes und Schlechtes und so weiter beschäftigt ist, wird zur Ruhe kommen. Ein bisschen weniger Begrifflichkeit kann zum dringend notwendigen Pausieren führen.

Praktische Übung

1. Denke nicht an das, was in der Vergangenheit geschah oder in der Zukunft passieren könnte.

2. Lass den Geist fließen, wie er will, ohne zu denken.

3. Beobachte die Geistesnatur, wie sie von lichtvoller Klarheit ist.

4. Verweile eine Zeit lang bei dieser Erfahrung.

Sie können das auch üben, wenn Sie morgens im Bett liegen und Ihr Geist wach ist, aber Ihre Sinne noch nicht voll angesprungen sind.

Wenn Sie die Natur des Geistes als reine Lichtfülle und Erkenntnis ausmachen, bleiben Sie bei dieser Erfahrung – also der Erfahrung der reinen Lichtfülle und des Erkennens – und verweilen Sie bei ihr mittels Achtsamkeit und Innenschau.

So lässt sich auf dem Weg zur konzentrierten Meditation der Geist selbst als Gegenstand der Beobachtung verwenden. Falls Sie anstelle des Geistes einen äußeren Beobachtungsgegenstand verwenden, etwa die Figur des Buddha oder den Gott der Weisheit Manjushri, betrachten Sie zunächst gründlich eine gute Abbildung, und dann stellen Sie sich dieses Bild innerlich vor, sodass Sie Ihrem Geist ein innerliches Bild aufscheinen lassen. Ganz gleich, ob der Gegenstand der Beobachtung innerlich ist, also im Geist, oder äußerlich, wie etwa der Körper des Buddha, lassen Sie auf jeden Fall den Geist ganz lebhaft auf diesen Gegenstand gerichtet bleiben.

4.

Erkenntnis

Der Zweck der Konzentration

Welchen Zweck verfolgt man beim Bemühen um eine solche konzentrierte Aufmerksamkeit? Es geht nicht allein darum, Emotionen, die einander offensichtlich widerstreiten, zeitweise zu unterdrücken, um dadurch einen Geist mit höheren Graden der Konzentration zu erlangen. Der Zweck des meditativen sich Stabilisierens besteht darin, eine Grundlage dafür zu schaffen, dass man eine besondere überweltliche Einsicht gewinnt, mittels derer man die Selbst-Losigkeit verwirklicht, also die Leerheit der allem innewohnenden Existenz, mittels derer sich betrübliche Emotionen vollständig und für immer ausräumen lassen.

Man kultiviert die Weisheit, mit der man die Leerheit der eigenen inneren Existenz wahrnimmt, weil sich durch die Konzentration allein das falsche Verständnis nicht ausschalten lässt, dass Objekte in und aus sich selbst existieren. Dazu bedarf es des Einsseins von Konzentration und Weisheit.

Um die Weisheit hervorzubringen, die es erlaubt, die Selbst-Losigkeit im eigenen geistigen Kontinuum zu erkennen, ist es notwendig, den Sinn der Leerheit zu erfassen.

Wenn man über den Glauben meditiert, bedeutet das, dass man den Glauben in der Absicht kultiviert, den Geist dazu zu bringen, dass er gläubig, also in eine Glaubens-Wesenheit verwandelt wird. Dagegen bedeutet das Meditieren über die Selbst-Losigkeit, dass man sich die Selbst-Losigkeit, also die Leerheit, als *Objekt* seiner Meditation vornimmt, als das Objekt seines Geistes. Um das tun zu können, ist es nötig, zu wissen, was das ist: Selbst-Losigkeit, Leerheit.

Wie aus Nagarjunas *Die Lehre von der Mitte* klar hervorgeht, sagt man von den Phänomenen nicht, dass sie deshalb leer seien, weil sie nicht existierten oder unfähig dazu seien, eine Funktion auszuüben. In Wirklichkeit sind alle Phänomene leer, weil sie abhängig sind; sie sind, wie wir das in der buddhistischen Philosophie formulieren, »abhängig-auftauchend«. Als Grund dafür, dass die Phänomene leer sind, gab Nagarjuna nicht etwa an, dass sie unfähig seien, effizient zu sein, sondern vielmehr, dass sie »abhängig-auftauchend« seien. Von daher lässt sich der Sinn der Leerheit so verstehen, dass damit dieser Aspekt des »abhängig Auftauchens« gemeint ist.

Da alle Dinge in Abhängigkeit entstehen, gibt es nichts, was unabhängig entstehen könnte. Abhängigsein und Unabhängigsein schließen einander aus; beides klafft auseinander. Wenn folglich Dinge in Abhängigkeit entstehen, sind sie eindeutig nicht unabhängig. Unabhängigkeit, Nicht-Abhängigkeit von anderen – das heißt: das Entstehen des Objekts aus eigener Machtvollkommenheit – wird im Buddhismus als »Selbst« bezeichnet. Weil es das nicht gibt, sprechen wir von Selbst-Losigkeit.

Laut der höchsten Schule der buddhistischen Philosophie, die Nagarjunas Denken genau so wiedergibt, gibt es zwei Arten der Selbst-Losigkeit: Selbst-Losigkeit von Menschen und Selbst-Losigkeit von anderen Phänomenen. Diese beiden Arten werden nur hinsichtlich dessen unterteilt, was ihnen zugrunde liegt: in Menschen oder andere Phänomene, die ohne Selbst sind, ohne unabhängige Existenz, und nicht hinsichtlich eines Unterschieds in der Leerheit dieser beiden. Sowohl Menschen als auch anderen Phänomenen geht eine unabhängige Existenz ab, was heißt, dass sie nicht kraft ihres Eigenseins existieren, also von sich aus, ohne von anderen Faktoren wie etwa Ursachen und Bedingungen oder ihren eigenen Bestandteilen abzuhängen.

Um den Sinn der Selbst-Losigkeit zu ermitteln, muss man sich im Allgemeinen auf eine analytische Meditation einlassen und reflektierend mit dem Verstand durchdringen. Deswegen liefert Nagarjunas *Lehre von der Mitte* viele Vernunftargumente, die von etlichen Gesichtspunkten her als Beweise dafür dienen, dass alle Phänomene leer von eigenmächtigem Sein sind und leer von inhärenter Existenz, und sie verwendet diese gedanklichen Überlegungen in der Meditation.

Im Kapitel mit den *Fragen von Kashyapa* in der *Juwelenberg-Sutra* heißt es, dass die Formen nicht wegen der Leerheit leer sind, sondern dass die Formen selbst leer sind. Daher bedeutet Leersein nicht, dass ein Phänomen leer davon ist, irgendein anderes Objekt zu sein, sondern es bedeutet, dass es selbst leer von seiner eigenen innewohnenden Existenz ist, eine Art von übertriebener Existenz, die wir dem überstülpen, wie die Phänomene tatsächlich existieren. Daher sind die Objekte leer von diesem übertriebenen Status, dieser überzogenen Verdinglichung, die wir den Phänomenen zuschreiben.

Beginne mit dir selbst

Da es der einzelne Mensch ist, der Lust und Schmerz empfindet, der Unruhe stiftet und Karma ansammelt – dieses ganze vom Ich veranstaltete Gelärme und Durcheinander –, sollte die Analyse bei Ihnen selbst beginnen. Wenn Sie verstehen, dass Sie auch ohne diesen aufgeblähten Zustand Sie selbst sind, können Sie diese Wahrnehmung auf die Dinge ausweiten, derer Sie sich erfreuen, unter denen Sie leiden und die Sie gebrauchen. In diesem Sinn ist der Mensch das Hauptsubjekt der Analyse.

Können Sie sich an einen Zeitpunkt erinnern, an dem Sie etwas Schlimmes taten und Ihr Geist dachte: »Da habe ich wirklich eine Menge Unheil angerichtet«? Ist es in einem solchen Augenblick nicht so, als scheine Ihr »Ich«-Gefühl seine eigene konkrete Wesenheit zu haben, die weder Geist noch Körper ist, sondern etwas viel Stärkeres?

Oder erinnern Sie sich an einen Zeitpunkt, an dem Sie etwas wirklich Wunderschönes taten oder Ihnen etwas wirklich Schönes passierte und Sie ganz stolz darauf waren? Dieses »Ich«, das da so geschätzt, gelobt und geliebt wurde und Gegenstand so großer Selbst-Bedeutung war, war da so konkret und lebhaft klar.

Bei solchen Gelegenheiten ist Ihr »Ich«-Empfinden besonders offensichtlich. Wenn Sie eine solche offensichtliche Manifestation Ihres »Ich« zu fassen bekommen, können Sie bewirken, dass dieses starke »Ich«-Empfinden Ihrem Geist aufscheint. Und ohne dass Sie es wollen, scheint es an Stärke zu verlieren, und Sie können wie aus einigem Abstand untersuchen, ob es tatsächlich auf die solide Weise existiert, wie es Ihnen vorkommt.

Sogar in der Sinneswahrnehmung kommen uns Phänomene fälschlicherweise als solide und konkret vor, was an Defiziten in unserem Geist liegt. Und wegen dieses falschen Erscheinens werden wir automatisch zur Vorstellung verführt, dass die Phänomene für sich existieren, und zwar in eigener Machtvollkommenheit, was ziemlich genau der Gegebenheit entspricht, dass wir trügerische Erscheinungen in Träumen für wirklich halten. Wir halten eine grundlose Erscheinung für wirklich, und dann fügen wir ihr mittels eines unangemessenen, kontraproduktiven Denkens noch viele andere Attribute hinzu und erschaffen so ein Gemenge von einander widerstreitenden Emotionen.

Bis jetzt haben die Eigenliebe und ihre Gefährtin, die

Unwissenheit, in Ihrer Herzmitte gewohnt. Und sie haben Sie zwar beim Versuch, Sie glücklich zu machen, zu allen möglichen Handlungen verlockt, dadurch aber auch viele Probleme geschaffen. Sie müssen die Ichbezogenheit aus den Tiefen Ihres Wesens heraus als verkehrt betrachten. Jetzt ist es an der Zeit, dass Sie die Eigenliebe hinter sich lassen und damit beginnen, andere Menschen zu lieben, dass Sie die Unwissenheit hinter sich lassen und sich der Weisheit zuwenden, die die Selbst-Losigkeit verwirklicht.

Der Fortschritt in Richtung Erleuchtung

Wenn Sie auf diese Weise den Sinn der Leerheit betrachten, machen Sie nach und nach Fortschritte auf Ihren Pfaden. Auf dieses Fortschreiten wird im Mantra in der Sutra *Herz der Weisheit* hingewiesen:

TADYATHA GATE GATE PARAGATE
PARASAMGATE BODHI SVAHA.
Dieses Sanskrit-Mantra bedeutet übersetzt: »Es geht so: Voran, voran, voran in Richtung Darüberhinaus, geh beharrlich voran, sei in Erleuchtung gegründet.«

Wer geht voran? Damit wird das in Abhängigkeit vom Geisteskontinuum seiende »Ich« bezeichnet. Von wo aus geht man voran? Man bewegt sich weg von der zyklischen Existenz, diesem Seinszustand unter dem Einfluss verunreinigter Handlungen und kontraproduktiver Emotionen. Wohin geht man voran? Man geht in Richtung Buddhaschaft voran, die mit einem Wahrheits-Leib ausgestattet und für immer frei vom Leiden und den Quellen des Leidens (schädigenden Emotionen) ist sowie auch von den durch die schädigenden Emotionen geschaffenen Neigungen. Von welchen Ursachen und Bedingungen hängt man beim Vorangehen ab? Man geht in Abhängigkeit von einem Pfad voran, der eine Einheit von Mitgefühl und Weisheit ist.

Der Buddha weist die Übenden an, ans andere Ufer zu gehen. Aus der Sicht des Übenden ist die zyklische Existenz auf der nahen Seite, also leicht erreichbar. Am fernen Ufer, am weit entfernten Ort befindet sich Nirwana: der Zustand, über das Leiden hinausgekommen zu sein.

Wenn der Buddha sagt: »TADYATHA GATE GATE PARAGATE PARASAMGATE BODHI SVAHA«, weist er die Übenden an, über die fünf Pfade voranzuschreiten:

GATE – den Pfad der Ansammlung
GATE – den Pfad der Vorbereitung
PARAGATE – den Pfad des Sehens
PARASAMGATE – den Pfad der Meditation
BODHI SVAHA – den Pfad des nichts mehr Lernens

Sehen wir uns die Natur des spirituellen Vorwärtskommens über diese fünf Pfade genauer an:

1. Wie sieht der Eingangspfad aus, der *Pfad der Ansammlung*? Damit ist jene Phase gemeint, in der man hauptsächlich eine auf andere gerichtete Motivation einübt und dadurch große Vorräte an Verdienst ansammelt. Sie üben dabei zwar bereits eine Einheit von Motivation und Weisheit ein, jedoch hat Ihre Erkenntnis der Leerheit noch nicht jenes Niveau erreicht, auf dem die stabilisierende und die analytische Meditation einander gegenseitig stützen, was man als »Zustand des Erwachtseins aus der Meditation« bezeichnet. Auf diesem Pfad erlangen Sie eine stark konzentrierte Meditation und arbeiten auf einen Zustand hin, der aus der Meditation heraus die Leerheit wahrnimmt. Während dieses und des folgenden Pfads erkunden Sie die Leerheit in der Form, dass Sie ein dualistisches Erscheinen der Weisheit und der Leerheit wahrnehmen.

2. Ab dem Punkt, an dem Sie einen Zustand der Weisheit erreicht haben, der sich aus der Meditation der Wahrnehmung der Leerheit ergeben hat, betreten Sie den *Pfad der Vorbereitung*. Indem Sie immer größere Vertrautheit mit diesem Zustand gewinnen und dabei die mitfühlende Motivation kultivieren, nehmen Sie nach und nach immer klarer das Erscheinen der Leerheit wahr, und zwar über die vier

Stufen des Pfads der Vorbereitung (Hitze, Gipfel, Nachsicht und höchste weltliche Eigenschaften).

3. Schließlich nimmt man die Leerheit direkt wahr, ohne auch nur die geringste Verunreinigung durch den dualistischen Anschein, der verschwunden ist. Das ist der Beginn des *Pfads des Sehens* – des Pfads der anfänglichen direkten Wahrnehmung der Wahrheit über die Tiefennatur der Phänomene. Hierbei gelangt man über die weltliche Stufe auf die überweltliche Stufe des Pfads des Sehens, auf welcher die dualistische Erscheinungsweise vergangen ist. An diesem Punkt im Großen Fahrzeug beginnen die zehn Bodhisattva-Stufen (»Böden« genannt, weil auf ihnen spezielle spirituelle Qualitäten gezeugt werden, die wie Pflanzen aus der Erde wachsen). Während des Pfads des Sehens und des Pfads der Meditation überwindet man zwei Arten von Hindernissen, von denen das eine intellektuell erworben und das andere angeboren ist. Intellektuell erworbene Geisteszustände kommen durch Anhänglichkeit an falsche Systeme zustande. So gibt es zum Beispiel Gefolgsleute bestimmter buddhistischer Schulen, die glauben, dass üblicherweise Phänomene infolge ihres eigenen Charakters existieren, was auf der unbegründeten »Vernunftvorstellung« beruht, dass, wenn Phänomene nicht auf diese Weise zustande kämen, sie nicht funktionieren könnten. Diese Art von falscher Vorstellung, verunreinigt durch ein ungültiges System von Annahmen, wird als künstlich oder intellektuell

erworben bezeichnet. Selbst wenn man in dieser Lebenszeit keine neuen Veranlagungen durch falsches begriffliches
Denken angesammelt hat, verfügt dennoch jeder Mensch
in seinem geistigen Kontinuum über Veranlagungen, die
dadurch eingerichtet wurden, dass er in früheren Lebenszeiten falschen Ansichten angehangen hatte. Im Gegensatz
dazu haben angeborene fehlerhafte Geisteszustände in allen
fühlenden Wesen – vom Insekt bis zum Menschen – seit
anfangsloser Zeit existiert, und sie haben von sich aus ihre
Auswirkung, ohne auf fehlerhaften Schriften oder falschem
Denken zu beruhen.

4. Intellektuell erworbene oder künstliche Hindernisse werden durch den Pfad des Sehens weggeräumt, wohingegen
angeborene Hindernisse schwieriger zu überwinden sind,
weil man seit anfangsloser Zeit auf diese falschen Geisteszustände konditioniert worden ist. Sie müssen durch beständige Meditation über den Sinn der Leerheit entfernt werden,
welche man auf dem Pfad des Sehens erstmals gesehen hat.
Weil diese Art der Meditation über einen langen Zeitraum
hin stattfinden muss, wird diese Phase des Pfads als »Pfad der
Meditation« bezeichnet. Sie haben zwar auch schon früher
über die Leerheit meditiert, aber der Pfad der Meditation
läuft auf einen Pfad immer weiterer Vertrautheit hinaus.

Auf dieser Stufe geht man über die verbleibenden neun
Bodhisattva-Böden. Von den insgesamt zehn Böden werden die ersten sieben als unrein bezeichnet, die letzten drei

als rein. Der Grund dafür ist, dass man sich auf den ersten sieben Böden immer noch in dem Prozess befindet, schädigende Hindernisse zu entfernen. Folglich entfernt man dann während des ersten Teils des achten Bodens schädigende Emotionen. Die Ausgewogenheit zwischen dem achten und dann dem neunten und dem zehnten Boden befähigt Sie, die Hindernisse auf dem Weg zur Allwissenheit zu überwinden.

5. Indem Sie jetzt die diamant-gleiche konzentrierte Meditation einsetzen, die Sie am Ende der zehn Bodhisattva-Böden erlangt haben – dem Höhepunkt der zu überwindenden Hindernisse –, können Sie die sehr feinsinnigen Hindernisse auf dem Weg zur Allwissenheit wirksam unterhöhlen. Im nächsten Moment gelangt Ihr Geist zum allwissenden Bewusstsein, und gleichzeitig wird die Tiefennatur des Geistes zum Naturkörper eines Buddha. Das ist der fünfte und letzte Pfad, der *Pfad des nichts mehr Lernens.* Aus dem sehr feinen Wind oder der Energie – die eine Wesenheit mit diesem Geist ist – entsprießen spontan die verschiedensten reinen und unreinen physischen Formen, um den fühlenden Wesen beizustehen; diese werden als Formkörper eines Buddhas bezeichnet. Das ist die Buddhaschaft, ein Zustand, in dem man eine Quelle der Hilfe und des Glücks für alle fühlenden Wesen wird.

Das ist eine kurze Erläuterung der Leerheit, also des Zustands, mittels dessen ein Praktizierender zunächst die aus dem Hören kommende Weisheit entwickelt, sodann diese mit der aus dem Denken kommenden Weisheit bekräftigt und schließlich in Abhängigkeit, aufgrund von Meditation über sie, weiter über die Stufen des Pfads voranschreitet. Will man seine Weisheit in immer höhere und noch höhere Zustände entwickeln, ist es folglich notwendig, dass man sich einübt. Jedoch gibt es dank der Einübung in früheren Lebenszeiten unterschiedliche Ebenen der Weisheit, die die Menschen in diese jetzige Lebenszeit mitbringen.

Eigenschaften der Buddhaschaft

Die Eigenschaften eines Buddhas werden als verschiedene »Körper« bezeichnet, die sich in zwei Grundtypen unterteilen lassen:

- den Wahrheitskörper oder Körper der Attribute, der zur Erfüllung des eigenen Wohlbefindens dient
- die Formkörper zur Erfüllung des Wohlbefindens anderer

Die Formkörper lassen sich wiederum danach unterteilen, wie sie Lebewesen auf unterschiedlichen Stufen der Reinheit und Unreinheit erscheinen. Sehr weit fortgeschrittene

Eingeübte können den vollständigen Glückskörper erlangen, während Eingeübte auf anderen Stufen eine breite Vielfalt von Emanationskörpern erfahren. Der Wahrheitskörper lässt sich ebenfalls in zwei Typen unterteilen: den Naturkörper und den Urweisheits-Wahrheits-Körper. Der Naturkörper lässt sich weiter unterteilen in einen Zustand natürlicher Läuterung und einen Zustand hinzukommender oder verursachter Läuterung.

Die Buddhaschaft lässt sich durch die einheitliche Kultivierung der Motivation wie auch der Weisheit erlangen, wobei beides dennoch seine je eigenen Ausprägungen der Buddhaschaft hat. Das Ergebnis der Ausbildung einer altruistischen Motivation sind die Formkörper eines Buddha, die zum Zweck der Erfüllung des Wohlbefindens anderer existieren. Die Ausprägung des Ausbildens der Weisheit ist der Wahrheitskörper eines Buddhas, der die Erfüllung der eigenen Entwicklung ist.

Wie sehen die wesentlichen Formen von Motivation und Weisheit aus? Die primäre Motivation ist eine fremdbestimmte Intention, erleuchtet zu werden, die inspiriert ist von Liebe und Mitgefühl und die mitfühlende Taten inspiriert wie etwa Geben, Moral und Geduld. Die Hauptform der Weisheit ist ein einsichtsvolles Bewusstsein, das die Leerheit der innewohnenden Existenz wahrnimmt.

Das Ergebnis von beidem ist, dass ein Buddha fähig ist, ohne Anstrengung spontan auf jede irgendwie angemessene Weise in Erscheinung zu treten. Die Form dieser Erscheinungen ist von den Bedürfnissen anderer geprägt und nicht vom Anliegen dieses Buddhas. Aus der Sicht eines Buddhas ist die Buddhaschaft die totale Selbsterfüllung des Wahrheitskörpers, in dem er oder sie für immer bleibt.

Die sehr hohen Qualitäten der Frucht des Pfads – der Buddhaschaft –, etwa die zehn Kräfte oder die vier Furchtlosigkeiten, sind alle ihrer Substanz nach im Diamant-Geist präsent; ihre Manifestation wird nur vom Vorhandensein ungünstiger Bedingungen verhindert. Die Buddhaschaft ist offenkundig mit den folgenden zehn Kräften ausgestattet:

1. Kenntnis von Ursache und Wirkung, sowohl unreiner als auch reiner

2. Kenntnis der Verwirklichung von Handlungen

3. Kenntnis von hoch und niedrig – das heißt, die zu kennen, die hoch sind, und diejenigen, die tief sind, oder diejenigen, die Glauben haben, und diejenigen, die schwere Drangsale erleiden usw.

4. Kenntnis der Vielfalt von Naturellen

5. Kenntnis der Vielfalt der Interessen von sich in die verschiedenen Techniken Einübenden

6. Kenntnis der Pfade, die zu den Typen zyklischer Existenz führen, und der Pfade, die zu den Typen der Erleuchtung führen

7. Kenntnis der Vielfalt meditativer Zustände und Kenntnis der Drangsale anderer sowie auch der Zustände ohne Befleckung

8. Kenntnis, die sich der früheren Leben seiner selbst und auch anderer bewusst ist

9. Kenntnis der Tode und Geburten seiner selbst und anderer

10. Kenntnis von der Auslöschung aller Verunreinigungen

Und auf ähnliche Weise ist die Buddhaschaft mit den vier Furchtlosigkeiten ausgestattet:

1. Furchtlosigkeit bezüglich der Aussage, dass ich hinsichtlich aller Phänomene vollständig und vollkommen erleuchtet bin

2. Furchtlosigkeit beim Lehren, dass die Versehrungen von Lust, Hass und Nichtwissen Hindernisse für die Befreiung sind und dass das falsche Erscheinen ein Hindernis für das gleichzeitige Erkennen aller Phänomene ist, und dass deshalb diese aufzuhören haben

3. Furchtlosigkeit, die Wege der Befreiung zu lehren

4. Furchtlosigkeit, zu behaupten, dass man die Befleckungen ausgemerzt hat

Da wir unserer Substanz nach mit solchen Qualitäten ausgestattet sind, heißt es, dass wir von Anfang an erleuchtet und mit einem vollkommen guten Grund-Geist ausgestattet sind.

Das ist ein kurzer Abriss des allgemeinen buddhistischen Wegs. Wenden wir uns jetzt dem inspirierten Gedicht und seiner besonderen Anweisung zu.

Zweiter Teil

Einführung in die Große Vollständigkeit

5.

Das allen Orden des tibetischen Buddhismus gemeinsame Grundprinzip

Ich interessiere mich sehr für die Aussage vieler weiser Menschen in allen Orden des tibetischen Buddhismus, dass alle ihre Systeme auf dasselbe letzte Prinzip hinauslaufen. Und ich habe das Gefühl, dass ich das erläutern sollte und müsste. Eine solche Untersuchung mag kontrovers ausfallen, aber auf jeden Fall sagen diese großen Gelehrten-Yogis, dass alle diese Systeme auf dieselbe letzte Grundeinsicht hinauslaufen, auf dasselbe Prinzip, weil es tatsächlich eine endgültige Grunderfahrung gibt, auf die sie alle zurückgehen. Es ist keineswegs so, dass sie das nur aus Höflichkeit sagen.

Wenn nun also feststeht, dass es einen solchen Ort des Zusammentreffens gibt, wie sieht er aus? Ich interessiere mich sehr dafür, das zu verfolgen und mir diesen grundlegenden Ort des Verstehens und Erfahrens genauer anzusehen. Jedes dieser Systeme verwendet eine andere Terminologie, die über ein je eigenes Potenzial verfügt, den Menschen zu helfen, spezifische Punkte zu verstehen. Wenn wir aber auf die verschiedenartige Terminologie stoßen, müssen wir uns den Kontext, den speziellen Sinn und die beabsichtigten Bezugspunkte innerhalb dieser Systeme genauer ansehen, ohne das Grundprinzip aus den Augen zu verlieren.

In Texten, die wir aus Indien geerbt haben, wird das Grundprinzip zuweilen als »der grundlegende angeborene Geist klaren Lichts« bezeichnet und als die »grundlegende angeborene Weisheit klaren Lichts«, und diese beiden Begriffe haben ein und dieselbe Bedeutung. In anderen Texten wird das als der »den Raum durchdringende Raum-Diamant« bezeichnet, während er in nochmals anderen der »Juwelen-Geist« genannt wird, so wie es zum Beispiel heißt: »Getrennt vom Juwelen-Geist gibt es keinen Buddha und kein fühlendes Wesen.«

Sodann wird es in Tibet in manchen Texten das »gewöhnliche Bewusstsein« und die »innerlichste Wahrnehmung« genannt. Diese Begriffe werden im Kontext des Sprechens von der Freiheit vom Denken verwendet, die psychologisch und erfahrungsmäßig als »Selbst-Loslassen«, »nacktes Loslassen« und »ungehindertes Eindringen« beschrieben werden; wir werden sie später im Detail besprechen. Von der innerlichsten Wahrnehmung heißt es, sie sei die Grundlage für das Erscheinen von allem im Kreislauf des Leidens (namens »zyklische Existenz«) und auch die Grundlage der Befreiung (namens »Nirwana«). Im Kontinuum der innersten Bewusstheit ist ausnahmslos alles vollkommen. Man sagt sogar, es sei »von Natur aus entstanden«, da es immer war und immer sein wird.

Ausnahmslos alle Phänomene der zyklischen Existenz und des Nirwana sind letztlich keine Erzeugnisse von Ursache und Wirkung, sie befinden sich vielmehr vollständig innerhalb der Natur der innerlichsten, ganz natürlich entstandenen Ur-Wahrnehmung; alles ist in deren Sphäre, in deren Bereich enthalten. Am unteren Ende ist dieser Diamant-Geist klaren Lichts die Grundlage des Aufdämmerns aller Phänomene der Welt des Leidens, und auch am oberen Ende ist die Grundlage des Aufdämmerns aller reinen Phänomene der Befreiung einfach diese innerlichste Wahrnehmung, die man auch als den »Diamant-Geist klaren Lichts« bezeichnet.

Das ist ein Thema, das genau zu erkunden sich lohnt, um unseren inneren Frieden zu fördern, indem wir unseren Geist über die gewöhnlichen Gedankenströme hinaus öffnen. Wir sollten darin mit dem Ziel hineinblicken, mehr Frieden mit unseren Nächsten und auf unserer ganzen Welt zu schaffen.

Die innerlichste Wahrnehmung durchdringt jede Art von Bewusstheit

Ganz gleich, welche Art von Bewusstheit wir betrachten mögen – auf jeden Fall wird sie vom klaren Licht der innerlichsten Wahrnehmung durchdrungen. Eis mag noch so fest und hart sein, es reicht nicht über die Natur des Wassers hinaus. Genauso ist es auch bei den Begriffen: Ganz gleich, wie grob, zäh oder roh sie sein mögen, so geht doch der Ort, von dem her sie aufdämmern, und der Ort, in den sie verschwinden, nicht über die innerlichste Wahrnehmung hinaus.

Begriffliche Wahrnehmung taucht *von innerhalb* der Sphäre der innerlichsten Wahrnehmung auf und löst sich schließlich *in* die Sphäre der innerlichsten Wahrnehmung hinein auf. Da dies der Fall ist, so sagt der Gelehrten-Yogi der Alten Übersetzungsschule (Tib. Nyingma), Dodrubchen Jigme Tenpe Nyima, durchdringt das klare Licht das gesamte Bewusstsein, so wie Öl die Gesamtheit von Sesamsamen durchdringt. Er schließt daraus, dass es deswegen selbst zur Zeit der Manifestation der gröberen Geistesebenen – sowohl während des Denkens, als auch während des Tätigseins des mit Augen, Ohren, Nase, Zunge und Körper verbundenen sensorischen Bewusstseins –, dass es also selbst dann möglich ist, dank der Kraft der Segnungen und wesentlichen Unterweisungen eines Lama (eines Gurus), einen zarten Zug klaren Lichts wahrzunehmen, der jeden dieser Bewusstseinszustände durchzieht.

Wie man den Weg hier und jetzt
einüben kann

Wie können wir ab sofort die innerlichste Wahrnehmung in unseren spirituellen Weg einbeziehen? Das geschieht, indem wir darin eingeführt werden und – durch unsere Erfahrung – das klare Licht wahrnehmen, das alle Arten von Bewusstheiten durchzieht, und indem wir unsere Meditation punktgenau darauf richten, also unsere Aufmerksamkeit im Rahmen des Nichtdenkens und der Nichtbegrifflichkeit.

Wenn das klare Licht immer tiefgreifender wird, schwinden die Arten grober Gedanken mehr und mehr. Deswegen wird diese Übung als »der wesentliche Weg, dank dessen Kenntnis alle Zustände freigesetzt werden« bezeichnet. Wenn wir so weit kommen, diese einzigartige innerlichste Bewusstheit aus eigener Erfahrung zu kennen, sind wir von allen Arten angespannter Umstände befreit.

Will man die innerlichste Wahrnehmung erreichen, besteht die schwierigste Aufgabe darin, die Unterscheidung zwischen Geist (tibetisch *sems*) und innerlichster Wahrnehmung (tibetisch *rig pa*) zu treffen. Es ist leicht, über diesen Unterschied zu sprechen, also zu sagen: »Die innerlichste Wahrnehmung ist nie von Fehlern infiziert worden, während der Geist von begrifflichem Denken beeinflusst und fehlerhaftem Denken verunreinigt ist.« Das kann man leicht sagen, aber schwierig ist es, darüber in Begriffen tatsächlicher Erfahrung in unserem eigenen geistigen Kontinuum zu sprechen. Dodrubchen sagte, wir könnten zwar so tun, als meditierten wir über die innerlichste Wahrnehmung, dabei bestehe aber die Gefahr, dass wir in Wirklichkeit nur die Konzentration auf die klare und kognitive Natur des oberflächlichen Geistes aufrechterhalten, und deswegen müssten wir aufpassen. Es ist hilfreich, das Letztere zu tun, aber es ist nicht so tiefgreifend.

Im vorliegenden Buch werden wir genauer erörtern, wie man sich in den Kern der innerlichsten Wahrnehmung versetzen kann, indem wir uns einen tibetischen Text der Alten Übersetzungsschule des tibetischen Buddhismus gründlicher ansehen. Sie werden sehen, wie faszinierend er in psychologischer wie spiritueller Weise ist.

6.

Der angeborene Geist klaren Lichts

Die Alte Übersetzungsschule des tibetischen Buddhismus stellt eine Reihe von Übungsstilen vor, die als »Fahrzeuge« bezeichnet werden. Unter diesen ist das »Fahrzeug der Großen Vollständigkeit« der Gipfel aller Gipfel; von allen anderen Fahrzeugen heißt es, sie seien Systeme für niedrigere Stufen der Einübung. Mit den gerade genannten Begriffen von »Geist« und »innerlichster Wahrnehmung« gesprochen, praktiziert man diese niedrigeren Systeme mittels des Geistes, wogegen man im neunten Fahrzeug, der »Großen Ganzheit«, die innerlichste Wahrnehmung als spirituellen Weg wählt.

Kein Zwang

Ursprünglich existiert in uns allen eine selbstständige innerlichste Wahrnehmung. Da sie sich im Inneren verbirgt, muss sie bekannt gemacht und mit all ihrer Nacktheit hervorgehoben und als der spirituelle Pfad an sich eingeführt werden. Seitdem es als der Pfad praktiziert wird, wird dieses System als »Von Zwang freies Fahrzeug« bezeichnet.

Eine solche Terminologie verfügt über ihr ganz eigenes Potenzial und zeigt dem Verstehen einen bestimmten Zweck auf. Wenn sie als »von Zwang freies Fahrzeug« bezeichnet wird, heißt das nicht, dass überhaupt nichts getan würde. Es wäre nicht angebracht, einfach nur herumzuliegen und zu essen! In Wirklichkeit enthält dieses Vokabular etwas tief Wesentliches; es ist ein Aufruf zur Meditation, als deren Pfad man nur die innerlichste Wahrnehmung nimmt. In den Anfangsstufen der Übung in anderen Systemen gibt es viele mit der Begrifflichkeit verbundene Übungen, auch wenn sich dann schließlich der nichtbegriffliche Geist des klaren Lichts manifestiert, wogegen hier gleich von Anfang an die Begrifflichkeit der »Großen Vollständigkeit« nicht bemüht und der Schwerpunkt auf die innerlichste Wahrnehmung gelegt wird, verbunden mit besonderen, ganz wesentlichen Unterweisungen. Aus diesem Grund wird sie als »von Zwang freie Lehre« bezeichnet.

Die zentrale Bedeutung des Geists klaren Lichts

Letztlich betonen alle tibetischen Systeme den grundlegenden angeborenen Geist klaren Lichts. In zentralen Begriffen dieser Systeme sind alle Phänomene der zyklischen Existenz und des Nirwana das Spiel und Aufleuchten des grundlegenden angeborenen klaren Lichtes. Von daher ist die Wurzel und Grundlage alldessen, was innerhalb des Bereichs der zyklischen Existenz und des Nirwana liegt, das grundlegende klare Licht. Da dies so ist, braucht man beim Praktizieren des spirituellen Pfads nichts anderes zu tun, als zum Läutern dieser unreinen Erscheinungen – die von selbst aus dem Kontext der innerlichsten Wahrnehmung oder des klaren Lichts aufdämmern – den grundlegenden angeborenen Geist klaren Lichts auf das hinzulenken, mittels dessen man den spirituellen Pfad praktiziert. Wenn sich dann schließlich die Frucht der Übung des Pfads zeigt, erweist sich der von allen hindernden Befleckungen getrennte grundlegende angeborene Geist klaren Lichts selbst als die sich daraus ergebende Allwissenheit der Buddhaschaft – und das ist ein Zustand, mittels dessen man anderen die größten Wohltaten verschaffen kann.

Arten von Büchern

Es ist wichtig, zu verstehen, dass es keinerlei Aufspaltung der buddhistischen Lehren gibt, von denen die einen der Erklärung dienten, die anderen der Praxis. Sie könnten folgender Ansicht sein: Weil lange, komplizierte Texte Lehren bieten, die für Sie auf Ihrer derzeitigen Stufe nicht für Ihre Alltagspraxis anwendbar sind, seien diese Bücher dazu gedacht, lediglich philosophische Erklärungen für die Diskussion mit anderen zu bieten, während andere, kürzere Texte etwas für die Praxis lieferten. Das wäre ein großer Fehler.

Sie müssen begreifen, dass alle Schriften des Buddhas und deren Kommentare zur Erleuchtung notwendig sind, und Sie müssen wissen, dass Sie diese alle früher oder später als Anleitung für Ihre eigene praktische Übung brauchen. Es wäre lächerlich, das eine zu studieren und dann etwas anderes zu praktizieren. Zumindest bieten die komplizierteren Lehren einen Plan für den spirituellen Fortschritt, und dieser wird Einfluss auf Ihre Reise haben; diese Lehren sind Ihr Routenplan. Gleichwohl gibt es Lehren, die vorwiegend die Stufen der Einübung betonen, und andere, in denen es hauptsächlich darum geht, detaillierte Aussagen zu formulieren. Auch hier wiederum enthalten die einsichtsvollen Lieder der großen indischen Meister praktische Erfahrung, bei der es um hohe spirituelle Pfade geht und die hauptsächlich in einem Stil gehalten sind, der die direkte, spontane Weise der Erfahrung dieser Yogis wiedergibt. In diesen Fällen bringen Gurus, die einen tief gehenden Grad spiritueller Entwicklung erlangt haben, ihre Wahrnehmung für geeignete Schüler zum Ausdruck.

Auch in allen tibetischen Orden haben viele Gelehrten-Yogis Texte verfasst, die hauptsächlich in Liedform ihre Erfahrungen vorstellen. Ich möchte jetzt den Text *Drei Schlüssel, die zum Kern vordringen* erläutern, der zu denjenigen gehört, die spontan meditative Erfahrung bieten. Er entstammt dem Geist des großen Meisters Dza Patrul Jigme Chokyi Wangpo (1808–1887). Er war ein großer Gelehrten-Yogi, eine unglaubliche Persönlichkeit, die sich selbst ganz schlicht gab. Es wird berichtet, viele Schüler seien zu ihm gekommen, um in seiner Nähe zu wohnen und seine Lehre zu empfangen, aber zu einem gewissen Zeitpunkt wollte er ihnen entkommen und an einem stilleren Ort leben. Und so sei er in eine andere Gegend gezogen, wo ihn eine Frau, die ein Raststätte besaß, als Diener angenommen habe. Sie hatte keine Ahnung, wer er war. Er arbeitete schwer, um alle seine Pflichten zu erfüllen, wischte den Boden und erledigte andere Haushaltsarbeiten, darunter auch das allmorgendliche Leeren der Nachttöpfe.

Auf der Suche nach ihrem großen Meister kamen mehrere seiner Schüler in diese Gegend und fragten jeden, dem sie begegneten, ob irgendwo in der Nähe ihr Lama sei, und schließlich stießen sie auch auf diese Frau. Sie fragten sie, ob sie Dza Patrul Rinpoche gesehen habe, und sie verneinte das, bat jedoch um eine Beschreibung von ihm, die sie ihr gaben. Sie antwortete ihnen: »Da ist einer in zerlumpten Kleidern dahergekommen, und ich habe ihn als Knecht angestellt.« Die Studenten wussten unverzüglich, dass er das sein musste, und als die Frau erfuhr, dass dieser große Meister und Gelehrte in ihrem Haus als ihr niedriger Knecht lebte, rannte sie vor Schreck davon.

Dritter Teil

Kommentar zu Patrul Rinpoches Drei Schlüssel, die zum Kern vordringen

7.

Der erste Schlüssel

Über die innerlichste Wahrnehmung

Patrul Rinpoches Lehre und folglich auch sein Gedicht
kreisen um drei Schlüssel, die zur Entdeckung der innerlichsten Wahrnehmung verhelfen sollen, der Großen Ganzheit. Der wesentliche Sinn dieser Anleitung dazu, wie man
sich in den Kern der Wirklichkeit versetzen solle, ist in drei
Einheiten von Kernlehren unterteilt, die dazu dienen sollen,
sich vom fehlerhaften, selbstzerstörerischen Leben zu lösen.
Beginnen wir mit dem ersten Schlüssel. Ihn beschreibt er
in seinem Gedicht so:

Das Sehen, die vielfältige Weite
Ist im Wesentlichen praktisch unterteilt in drei Schlüssel.

Zuerst versetze deinen Geist in einen entspannten
Zustand,
dass er nichts aussendet, nichts zurückzieht, ohne
Begrifflichkeit ist.
In diesem entspannten Zustand völliger Absorption
Rufe jäh PAṬ, das dein Gewahrsein anreißt,

Kräftig, laut, kurz. E MA HO!

Nicht irgendetwas, verblüffend.

Verblüffend, ungehindertes Eindringen.

Ungehindertes Eindringen, nicht ausdrückbar.

Erkenne die innerlichste Wahrnehmung des Wahrheitskörpers.

Ihr Wesen wird in dir selbst kenntlich gemacht – das ist
das erste Wesentliche.

Ich will versuchen, das etwas zu kommentieren.

Entspanne dich

Die anfängliche Einführung ins Sehen der ganz natürlich
erwachten innerlichsten Wahrnehmung kann nicht stattfinden, solange Sie damit beschäftigt sind, ständig vielerlei
begriffliche Vorstellungen zu produzieren, etwa, indem Sie
über Gutes und Schlechtes oder Ähnliches nachdenken. So
ist es zum Beispiel schwierig, jemandem in einer großen
Menge vorgestellt zu werden oder jemanden darin zu erkennen. Aber wenn man erst einmal jemandem vorgestellt
worden ist und ihn kennengelernt hat, fällt es leicht, den
betreffenden Menschen sogar inmitten einer großen Menge
zu erkennen. Ähnlich verhält es sich auch mit der innerlichsten Wahrnehmung: Auch wenn sie jeden Augenblick
der Bewusstheit durchdringt, einschließlich jedes einzelnen

Gedankens, ist es dennoch nicht möglich, die innerlichste Wahrnehmung ihrem nackten Wesen nach herauszufinden, ohne ihr zuerst einmal vorgestellt worden zu sein, denn sie wird vom begrifflichen Denken gebunden und verdunkelt. Aber nachdem man sie kennengelernt hat, kann man sie sogar inmitten einer ganzen Menge von Gedanken sehen.

Daher verlieren Sie sich am besten gar nicht erst darin, Ihren Geist zu zu anzupassen, indem Sie sich etwa in eine begriffliche Analyse stürzen, sondern lösen Sie sich von all den verschiedenen Phänomenen der Welt, ganz gleich, was vor Ihrem Geist auftauchen mag – Menschen, Gebäude, Berge, Ihre Arbeit, Ihre Freunde, Ihre Probleme usw. Sehen Sie es als bloß Auftauchendes und lassen Sie sich auf nichts ein und von nichts dadurch beflecken, dass Sie es identifizieren und von ihm denken: »Das ist dies und das.« Da Sie einen solchen Zustand bloßen Erscheinens und bloßer Wahrnehmung aufrechterhalten müssen, tun Sie, was der Verfasser des Gedichts sagt: »Versetze zuerst deinen Geist in einen entspannten Zustand« und lassen Sie nicht den geschäftigen Zustand einer Menge von Gedanken zu.

Höre eine Weile mit dem Denken auf

Die natürlich erwachte innerlichste Wahrnehmung existiert ganz naturgemäß in Ihnen; sie ist nicht frisch erzeugt oder das Produkt oberflächlicher Bedingungen, sondern sie ist von Natur aus da. Sie ist die Urweisheit, die ganz natürlich fließende Wahrnehmung, deren ununterbrochenes Tätigsein grundlegend und ungekünstelt ist. Damit Sie sie jetzt zu erkennen vermögen, vermeiden Sie es, dass sich in Ihnen neue, oberflächlich fabrizierte Begriffe entwickeln. Senden Sie keine neuen Gedanken aus, sondern lassen Sie sich, selbst wenn Sie merken, dass sich wieder Vorstellungen bilden, nicht auf den zwanghaften Gedanken ein, diese verscheuchen zu müssen; lassen Sie sie einfach verschwinden. Deswegen heißt es im Gedicht, dass der Geist »nichts aussendet, nichts zurückzieht, ohne Begrifflichkeit ist«. Verharren Sie also lebhaft und vollständig im Selbst-Fluss, dem natürlichen Fluss der Nichtbegrifflichkeit; lassen Sie auf der Stelle restlos alles begriffliche Denken los.

Wenn zum Beispiel eine Anzahl Menschen als Gruppe dahingeht und dann einige von ihnen stehen bleiben, die anderen aber weitergehen, haben sie nicht alle miteinander angehalten; aber wenn sie alle gleichzeitig anhalten, haben sie vollständig und ganz angehalten.

Schock

Aber auch wenn Sie Ihren Geist davon abhalten, zu zerfließen oder sich zu zerstreuen, genügt das immer noch nicht. Selbst wenn Ihnen in der meditativen Erfahrung Glück, Klarheit und Nichtbegrifflichkeit aufdämmern, behindert all dies Ihren Weg in die ganz natürlich aufgekommene innerlichste Wahrnehmung und hindert Sie daran, in dieser zu verweilen. Sie müssen sogar Glück, Klarheit und Nichtbegrifflichkeit vermeiden. Über all dies müssen Sie hinauskommen.

Deshalb rufen Sie in diesem von der Enge der Begrifflichkeit nicht beeinträchtigten und nicht verunreinigten Zustand plötzlich »PAṬ!« (ausgesprochen wie »patt«, wobei man aber beim Schluss-»tt« die Zunge hinter den Vorderzähnen an den Gaumen drückt), und zwar laut, kräftig und kurz. Das soll dazu dienen, auf der Stelle jeglichen Gedanken und jegliche Regung in Richtung Denken »Das ist soundso« oder »Das ist wie« oder »Das ist wie das« auszumerzen. Der jähe Klang des PAṬ löscht aus Ihrem Bewusstsein das begriffliche Denken: »In diesem entspannten Zustand völliger Absorption rufe jäh PAṬ, das dein Gewahrsein anreißt, kräftig, laut, kurz. E MA HO! Nicht irgendetwas, verblüffend.«

Alte Gedanken haben aufgehört, und neue Gedanken sind noch nicht erzeugt. Wenn zum Beispiel ein Boot rasch durchs Wasser schießt, wird das Wasser nach beiden Seiten weggedrückt, und unverzüglich entsteht hinter dem Boot ein leerer Raum.

Zu dem Zeitpunkt, in dem Sie PAṬ ausrufen, zwischen dem Punkt, an dem Sie unfähig sind, bisherige Begriffe zu äußern – das heißt, unfähig, Ihre bisherigen Gedanken zu formen –, und ehe Sie fähig sind, neue Begriffe zu produzieren, zwischen diesen zwei Momenten, wo Sie keinerlei begriffliche Unterscheidungen machen können, ist Erstaunen, Klarheit, Lebendigkeit, reines Wissen.

Falls Sie über einen Glauben und ein ausgeprägtes Interesse verfügen sowie über die wesentlichen Unterweisungen eines Führers, wird bei Ihnen das Versetztwerden an einen Ort, an dem Ihnen plötzlich alle Gedanken ausfallen, eine Art Schockgefühl auslösen, das sich nicht als irgendetwas – ein Dies oder Das – erklären lässt. Wenn Ihnen die Kleider des Denkens jäh weggerissen sind, werden Sie in einem Zustand des sich Wunderns sein und sich verblüfft, verwundert fühlen.

Es gibt mehrere Arten von Schock. Eine fühlt sich an, als halte man die Augen geschlossen und könne dabei überhaupt nichts denken; eine andere ist ein Zustand der Nichtbegrifflichkeit, in welchem der Geist frei ist von den Verunreinigungen des entweder zu lockeren oder zu engen Geistes. Es gibt auch noch andere. An dieser Stelle hat das Aussenden und Zurückziehen von Begrifflichkeit bis zu dem Punkt aufgehört, an dem man in einem Zustand des Staunens ist und die Kraft verloren hat, Gegenstände als dies oder das zu erkennen.

Mit einem Schock hält die geistige Tätigkeit jäh an. Das ist, wie wenn zum Beispiel plötzlich neben einem ein Hund bellt, und man erschrickt so, dass man gar nichts mehr zu denken vermag. Genauso wird man bei dieser Übung von seinen vielfältigen Gedanken und von den beengenden

Beschränkungen seiner begrifflichen Vorstellungen befreit, die man sich scharenweise ständig beiläufig macht. Aber trotzdem kommt es einem nicht so vor, als setze das Denken aus, das Bewusstsein bleibt hellwach und klar.

In den Texten heißt es, dass hier ein Zustand erreicht sei, bei dem das gewöhnlich zugrundeliegende Bewusstsein seine Intensität verliere und das Begriffsvermögen nicht in Gang komme und deshalb wegen dieses Aussetzens für kurze Zeit die nackte innerlichste Wahrnehmung zutage trete. Der große tibetische Gelehrte Mangto Lhundrub Gyatsho zitiert dazu viele Schriftquellen wie etwa die folgende:

»Im Raum zwischen früheren und späteren Begriffen bleibt ungebrochen das klare Licht der innerlichsten Wahrnehmung.«

In diesem Raum zwischen zwei Gedanken findet sich leicht die Möglichkeit, diesen Augenblick innerlichster Wahrnehmung deutlich zu empfinden.

Daher gleicht dieser Schockzustand nicht nur dem Erstaunen, er verfügt auch über die ungehinderte Kraft zum Eindringen, sodass der Verfasser des Gedichts, Patrul Rinpoche, sagen kann: »Verblüffend, ungehindertes Eindringen.«

Dessen Natur lässt sich im Kontext der Erfahrung selbst erkennen, so wie sie tatsächlich ist, ansonsten aber lässt sie sich nicht mit Worten beschreiben, weshalb Patrul Rinpoche sagt: »Ungehindertes Eindringen, nicht ausdrückbar.«

Zwar wird es als innerlichste Bewusstheit des Wahrheitskörpers *bezeichnet*, aber es ist genauso wenig ausdrückbar wie jeder der beiden Gegensatzpole des Existierens und Nichtexistierens und so weiter. Diese innerlichste Bewusstheit des Wahrheitskörpers muss man durch die Erfahrung wahrnehmen.

Solange man sie nicht wahrzunehmen vermag, gibt es keine Möglichkeit, in der Meditation im Blick auf die Große Ganzheit zu verharren. Bei dieser Art der Meditation, bei der man die Erfahrung der innerlichsten Wahrnehmung aufrechterhält, geht es darum, in der Erfahrung dessen zu bleiben, was man meditiert, anstatt *über* einen Gegenstand zu meditieren.

Darüber hinaus heißt es in Dodrubchens Schriften ganz klar: Wenn wir in der Lage sind, alle Phänomene als das Spiel, als das Vibrieren oder Aufleuchten dieser natürlich aufleuchtenden innerlichsten Wahrnehmung zu erkennen, erleichtert das die Erkenntnis, dass alle Phänomene nicht unabhängig in und aus sich selbst existieren und nur von der Begrifflichkeit aufgestellt sind. Wenn wir zur innerlichsten Wahrnehmung vorstoßen – die auch als letzte Wahrheit bezeichnet wird – und wenn wir herausfinden, dass sowohl alle Phänomene des zyklischen Daseins wie auch das Nirwana deren Aufleuchten sind, begreifen wir zugleich auch, dass alle reinen und unreinen Phänomene – wie die philosophischen Texte sagen – nur dem Namen nach existieren. Wir verstehen dann, dass alle erscheinenden und auftauchenden Erkenntnisgegenstände zufällig und wesenlos sind und dass derartige Phänomene zwar von Anfang an nicht aus eigener Kraft entstanden sind, uns aber dennoch so vorkommen, als verfügten sie über ihre eigene autonome Natur. Und deswegen bleibt uns dieses Gefühl, sie würden von sich aus existieren. Ferner verstehen wir dann, dass diese Fehlwahrnehmung dazu führt, uns auf verschiedene gute und schlechte Handlungen und auf die Ansammlung dieser Veranlagungen einzulassen, was zu immer noch stärkerer Verstrickung in die zyklische Existenz führt.

Um die innerlichste Wahrnehmung erkennen und in der Meditation angemessen aufrechterhalten zu können, ist es wichtig, zuvor über solche Vorgänge nachzudenken wie etwa: Von woher erwacht der Geist, wo verbirgt er sich, und wohinein vergeht er? Auch über andere analytische Techniken muss nachgedacht werden. Für diese Praktiken sind die in den großen Texten dargelegten gedanklichen Ausführungen sehr hilfreich.

Wenn es uns gelingt, alle diese Phänomene als die Vibration der innerlichsten Wahrnehmung erscheinen zu lassen ohne dabei von der Sphäre dieses Denkens abzuweichen, geraten wir nicht unter den Einfluss der konventionellen Begriffe. Haben wir unsere eigene grundlegende Wesenheit genau identifiziert und sorgen wir direkt dafür, dass ihr Sinn ständig und für immer im meditativen Gleichgewicht bleibt, dann bleiben wir selbst dann erleuchtet, wenn wir aktiv in der Welt tätig sind.

8.

Der höchste Weg zur Ruhe

Ähnlich wie in der Alten Übersetzungsschule heißt es auch in den Neuen Übersetzungsschulen in Tibet: Wenn das klare Licht verwirklicht sei, ruhe der große Yogi. Schweifen wir kurz etwas ab und sehen wir uns das genauer an; es wird unsere Erkundung desselben Grundprinzips vertiefen, das allen Orden des tibetischen Buddhismus gemeinsam ist, der Alten Übersetzungsschule und den Neuen Übersetzungsschulen.

Auf dem spirituellen Pfad ist es notwendig, dass die ganze Vielfalt von dualistischen und begrifflichen Austrieben und Wucherungen verschwindet und vergeht, und zwar in die Sphäre des grundlegenden angeborenen Geists klaren Lichts hinein. Warum? Damit wir ihre Natur und ihren Ursprung verstehen und es lernen, wie wir in physischer Form zum Wohl anderer erscheinen sollen. Worin bestehen diese »begrifflichen Austriebe und Wucherungen«?

Ebenen des Bewusstseins

In vielen Texten werden mehrere verschiedene Kategorien des Geistes oder Bewusstseins beschrieben, die von den groben bis zu den feinen reichen. Die gröbsten Ebenen sind die Bewusstheiten, die mit den Augen, den Ohren, der Nase, der Zunge und dem Körper verbunden sind. Subtiler ist die mentale Bewusstheit bzw. das, was wir gewöhnlich als den denkenden und sich vorstellenden Geist betrachten, der seinerseits ein ganzes Spektrum von groben Ebenen umfasst, vom gewöhnlichen Denken, dem Tiefschlaf und der Bewusstlosigkeit, wenn der Atem aufgehört hat, bis zum innerlichsten feinen Geist klaren Lichts.

Nach buddhistischer Ansicht hat zwar das grobe Bewusstsein einen Anfang und ein Ende, nicht aber der subtile Geist. Der subtile Geist bleibt immer – andauernd, ohne Anfang und Ende –, und von daher haben auch Ursache und Wirkung des Karmas keinen Anfang. Abgesehen von außergewöhnlichen meditativen Zuständen, manifestiert sich dieses feinste oder tiefste Bewusstsein nur dann, wenn wir sterben, jedoch kommen auch weniger zurückgezogene und daher kurze Versionen der feinen Bewusstseinsebenen vor, etwa wenn wir uns schlafen legen, aus einem Traum erwachen, niesen, gähnen und beim Orgasmus. Wenn sich am Ende der Geist des klaren Lichts des Todes manifestiert, verschwinden alle die vielfältigen Äußerungen des gewöhnlichen Lebens in dieses hinein.

Der Sterbeprozess bietet eine wirkmächtige Möglichkeit, die Ebenen des Geistes zu untersuchen, und so wollen wir ihn hier etwas gründlicher ins Auge fassen. Das Sterben verläuft in Stufen, die der Reihe nach eine Auflösung oder das Vergehen der vier folgenden inneren Elemente mit sich bringen:

- Erde, die Fähigkeit der harten Körpersubstanzen, das Bewusstsein zu tragen
- Wasser, die Fähigkeit der Körperflüssigkeiten, das Bewusstsein zu tragen
- Feuer, die Fähigkeit der Körperwärme, das Bewusstsein zu tragen
- Wind, die Fähigkeit der Bewegungsenergie des Körpers, das Bewusstsein zu tragen

Im Alltagsleben dienen diese Elemente als Halterung oder Basis für das Bewusstsein; diese Elemente sind wie ein Pferd, und das Bewusstsein gleicht einem Reiter auf dem Pferd. Während des Sterbeprozesses schwindet die Fähigkeit dieser Elemente, das Bewusstsein zu tragen, was mit den harten Elementen des Körpers beginnt, wenn deren Fähigkeit, das Bewusstsein zu tragen, sozusagen auf die flüssigen Elemente des Körpers übergeht. Jeder Schritt dieser Auflösung verstärkt dadurch die Fähigkeit des nächsten Elements, als Grundlage des Bewusstseins zu dienen.

Acht Stufen des Sterbens

Schritt für Schritt sieht das so aus:

1. Die Fähigkeit des Elements Erde (der harten Substanzen des Körpers, etwa der Knochen), das Bewusstsein zu tragen, löst sich in das Element Wasser auf (die Flüssigkeiten des Körpers wie Blut und Schleim). Das äußere Anzeichen dafür ist, dass der Körper dünner wird; innerlich sieht man das, was erscheint, als Flimmern, wie man das in einer Wüste oder auf einer heißen Straße in der Ferne sieht.

2. Sodann löst sich die Fähigkeit der Körperflüssigkeiten, das Bewusstsein zu tragen, in das Element Feuer auf (das Herz des Körpers). Die äußeren Anzeichen dafür sind, dass die Flüssigkeiten austrocknen: Der Mund wird wasserlos, die Nase verzieht sich, und andere Flüssigkeiten wie Urin, Blut, erneuernde Flüssigkeit und Schweiß trocknen aus; innerlich sieht man, was verschiedentlich als Rauchstöße aus einem Kamin oder Rauch, der durch ein Zimmer schwebt, beschrieben wird.

3. Sodann löst sich die Fähigkeit der Hitze des Körpers in das Element Wind auf (die Energieströme, die viele verschiedene Körperfunktionen lenken wie Einatmen, Ausatmen, Aufstoßen, Spucken, Sprechen, Schlucken, Gelenke biegen, Gliedmaßen strecken und zusammenziehen, Mund und Augenlider öffnen und schließen, Verdauen, Urinieren,

Stuhlentleerung, Menstruation und Ejakulation). Das äußere Anzeichen dafür ist, dass die Körperwärme abnimmt und man keine Nahrungsmittel mehr verdauen kann; das Atmen fällt schwer, die Züge des Ausatmens werden immer länger, diejenigen des Einatmens immer kürzer; die Kehle äußert rasselnde oder keuchende Züge. Innerlich sieht man Lichtpunkte wie nächtliche Glühwürmchen schwirren oder wie Funken auf dem Boden einer Metallpfanne auf einem Lagerfeuer aufblitzen; zuweilen werden sie wie Funken im Rauch beschrieben.

4. Sodann schwindet die Bewegungsenergie im Körper, und das Atmen durch die Nasenlöcher hört auf. Zu dieser Zeit sieht man eine Erscheinung wie das Licht über einer flackernden Butterlampe oder Kerzenflamme, wenn der Brennstoff fast aufgebraucht ist. Dann folgt auf das Flackern die Erscheinung einer stetigen Flamme.

Die nächsten und letzten vier Phasen des Sterbens erfordern, dass die begriffliche Stufe des Bewusstseins sich auflöst. Diese begrifflichen Bewusstseinszustände sind subtiler als die fünf Sinneszustände, aber immer noch auf der groben Geistesebene. Sie unterteilen sich in drei Klassen entsprechend den drei Typen von Winden oder Energien, auf denen sie reiten: stark, mittel und schwach.

◆ Die erste Gruppe besteht aus begrifflichen Bewusst-
seinsinhalten, zu denen eine starke Bewegung der Bewusstseinsenergie auf ihre Gegenstände hin gehört; sie
umfasst dreiunddreißig begriffliche Erfahrungen wie
Angst, Anhänglichkeit, Hunger, Durst, Mitgefühl, Er-
werbstrieb oder Eifersucht.

◆ Die zweite Gruppe besteht aus begrifflichen Bewusst-
seinsinhalten, zu denen eine mittlere Bewegung der Bewusstseinsenergie auf ihre Gegenstände hin gehört; sie
umfasst vierzig begriffliche Erfahrungen wie Freude,
Staunen, Großzügigkeit, Wunsch nach Küssen, Helden-
haftigkeit, Nichtliebenswürdigkeit oder Verworfenheit.

◆ Die dritte Gruppe besteht aus begrifflichen Bewusst-
seinsinhalten, zu denen eine schwache Bewegung der
Bewusstseinsenergie auf ihre Gegenstände hin gehört;
sie umfasst sieben begriffliche Erfahrungen, nämlich
Vergesslichkeit, Fehlwahrnehmung wie etwa von Wasser in einem Flimmern, Katatonie, Depression, Faulheit,
Zweifel und zugleich Begehren und Hass.

Diese drei Kategorien begrifflicher Erfahrungen sind Spie-
gelungen tieferer Bewusstseinsebenen, die immer weniger
dualistische Wahrnehmung enthalten, da sie Abdrücke von
drei subtilen Geistesebenen sind, die sich zuweilen manifestieren, wenn die gröberen Bewusstseinsebenen nachlassen,
entweder absichtlich, wie in tiefen Meditationszuständen,

oder von Natur aus, wie im Prozess des Sterbens oder Einschlafens.

Wenn die Energien, auf denen alle diese achtzig begrifflichen Erfahrungen wie ein Reiter auf einem Pferd reiten, sich auflösen, verlagert sich die Basis des Bewusstseins von gröberen zu subtileren Ebenen der Energie (welche die Buddhisten als »leichten Wind« bezeichnen), und es lassen sich drei *leichte Ebenen* des Bewusstseins manifestieren. Wenn man diese drei Ebenen durchläuft, wird das Bewusstsein zunehmend nichtdualistisch und hat immer weniger Empfinden von Subjekt und Objekt. Diese führen schließlich zu der *ganz subtilen Ebene* des Bewusstseins, dem Geist des klaren Lichts, der, wenn man ihn auf dem spirituellen Pfad nutzt, ganz stark ist. Diese letzten vier tiefen Ebenen sind also die folgenden:

5. Wenn die wie Pferde als Reittiere dienenden Energien der vielen Arten von begrifflicher Bewusstheit sich auflösen, verwandelt sich der Geist selbst in eine allgegenwärtige, riesige, lebendige, weiße unermessliche Weite. Es wird beschrieben, dass er wie ein klarer, vom Mondlicht erhellter Himmel wirke, wobei jedoch nicht der Mond in den leeren Raum scheint, sondern der leere Raum mit weißem Licht erfüllt ist. Das begriffliche Denken ist vergangen, und nichts außer dieser lebendigen Weißheit erscheint, die das Bewusstsein ist. Jedoch bleibt ein feines Empfinden von Subjekt und Objekt, sodass dieser Zustand leicht dualis-

tisch ist. Das wird als der »Geist des lebendigen weißen Erscheinens« bezeichnet, weil es ein Erscheinen ist, wie wenn Mondlicht aufdämmert, und es wird auch als »leer« bezeichnet, weil es jenseits der begrifflichen Bewusstheiten und Energien (Winde) ist, auf denen diese reiten.

6. Wenn der Geist des weißen Erscheinens und seine Energien sich auflösen, verwandelt sich der Geist in eine rote oder orangefarbene Weite, die lebhafter ist als zuvor; nichts anderes erscheint. Sie ist wie ein klarer, vom Sonnenlicht erfüllter Himmel – wobei nicht die Sonne am Himmel erscheint, sondern der Raum selbst mit rotem oder orangefarbenem Licht ausgefüllt ist. In diesem Zustand ist der Geist sogar noch weniger dualistisch. Er wird als »Geist des zunehmenden Erscheinens« bezeichnet, weil sich eine Erscheinung wie ein gänzlich lebhaftes Sonnenlicht einstellt, und er wird auch als »sehr leer« bezeichnet, weil er jenseits des vorigen Geists des Erscheinens und der Energien, auf denen dieser Geist reitet, liegt.

7. Wenn der Geist des roten oder orangefarbenen zunehmenden Erscheinens und seine Energien sich auflösen, verwandelt sich der Geist selbst in einen noch subtileren, lebhaft schwarzen Zustand; nichts anderes erscheint. Das wird als der »Geist des Nahezu-Erlangthabens« bezeichnet, denn man ist jetzt nahe an der Manifestation des Geistes des klaren Lichts. Der Geist der schwarzen Weite ist wie ein mond-

loser, sehr dunkler Himmel direkt nach der Abenddämmerung, wenn man noch keine Sterne sieht. Während der ersten Phase des Geists des schwarzen Nahezu-Erlangthabens ist man immer noch wahrnehmend, in der späteren Phase verliert man jedoch in einer sehr tiefen Finsternis das Bewusstsein, als würde man ohnmächtig werden. Diese Stufe wird als »Nahezu-Erlangthaben« bezeichnet, denn sie ist nahe an der Manifestation des Geistes des klaren Lichts, und sie wird auch als »riesig leer« bezeichnet, weil sie jenseits des früheren Geistes der Zunahme-des-Erscheinens und den Energien, auf denen es reitet, liegt.

8. Wenn der Geist des schwarzen Nahezu-Erlangthabens vergeht, wird der Schwindel der Bewusstlosigkeit weggewischt, und der Geist selbst wird zum Geist klaren Lichts. Er wird als der »grundlegende angeborene Geist klaren Lichts« bezeichnet, und das ist die subtilste, tiefgründigste und stärkste Stufe der Bewusstheit. Völlig nichtbegrifflich und nichtdualistisch gleicht sie dem natürlichen Zustand des Himmels in der Dämmerung (lange vor Sonnenaufgang) – ohne Mondlicht, Sonnenlicht oder Finsternis. Diese tiefste Ebene wird deshalb als der »grundlegende angeborene Geist klaren Lichts« bezeichnet, weil sie nicht vorübergehend ist, während der Geist des schwarzen Nahezu-Erlangthabens, der Geist des rotorangefarbenen zunehmenden Erscheinens, des weißen Erscheinens usw. *neu* hervorgebracht werden und infolge der Kraft der Umstände vergänglich sind,

folglich also zeitbedingt und zufällig. Der Geist des klaren Lichts wird auch als »all-leer« bezeichnet, weil er jenseits des gesamten Gesichtskreises der begrifflichen Bewusstheit und auch der drei subtilen Geistesverfassungen des weißen, rot-orangefarbenen und schwarzen Erscheinens liegt.

Um es zu wiederholen: Wenn der tatsächliche Sterbeprozess beginnt, durchläuft man acht Phasen: Die ersten vier umfassen den Zusammenbruch der vier Elemente, die letzten vier umfassen den Zusammenbruch des Bewusstseins hin zur innersten Ebene des Geistes, die als Geist des klaren Lichts bezeichnet wird.

Der Durchgang bis zum Geist des klaren Lichts kann schnell oder langsam erfolgen. Manche Menschen verharren nur wenige Minuten auf der Endstufe, dem Geist des klaren Lichts des Todes; andere bleiben darauf bis zu einer Woche lang oder zwei. Für einen fähigen Übenden ist das eine wertvolle Gelegenheit zum Üben. Wer sich des Geists des klaren Lichts bewusst ist, kann längere Phasen hindurch in diesem Zustand verweilen, und je nach vorhergehendem Training kann er ihn sogar dazu nutzen, die Wahrheit von der Leerheit der allen Phänomenen innewohnenden Existenz wahrzunehmen.

Manche meiner meditierenden Freunde haben mir von tiefen Erfahrungen des Aufgelöstseins erzählt, die aber immer noch innerhalb des Bereichs der *Ähnlichkeit* mit den tatsächlichen liegen. Mehrere Tibeter, die für klinisch tot erklärt worden waren, haben etliche Zeit hindurch verharrt, ohne physisch aufgelöst zu werden. Unlängst blieb der Körper eines Lama aus dem Sakya-Orden mehr als zwanzig Tage lang frisch und zeigte keinerlei Spuren von Verwesung. Er »starb« in Dharamsala in Indien, blieb jedoch während seines anschließenden Verweilens hier in Dharamsala in der Meditation; dann wurde sein Körper nach Rajpur im Bezirk von Dehra Dun verbracht, wo er immer noch frisch blieb. Das war bemerkenswert. Ich weiß von rund fünfzehn Tibetern, deren Körper auf ähnliche Weise nicht in die Verwesung übergingen – einige davon etliche Tage nicht, andere noch länger, der längste Zeitraum umfasste drei Wochen. Mein eigener alter Lehrmeister Ling Rinpoche blieb dreizehn Tage lang frisch.

Der Grundpfeiler meiner eigenen Übung ist die Reflexion über die vier Grundlehren der Unbeständigkeit, des Leidens, der Leerheit und der Selbst-Losigkeit. Zusätzlich ist es noch Bestandteil meiner acht verschiedenen täglichen Übungen, über die Stufen des Sterbens zu meditieren. Ich meditiere über die Auflösung des Erd-Elements in Wasser, des Wasser-Elements in Feuer usw., alle acht Phasen. Obwohl ich für mich keinerlei Tiefenerfahrung beanspruchen kann, kommt es zu einem kurzen Aussetzen des Atmens, wenn das Ritual verlangt, sich die Auflösung aller Erscheinungen vorzustellen. Ich bin mir dessen gewiss, dass vollständigere Versionen deutlich zeigen, ob ein Übender die Auflösungen auf eher lockere Weise visualisiert oder wesentlich gründlicher. Da zu allen meinen täglichen Übungen, mir mich selbst in idealer mentaler und physischer Form zu imaginieren – was als »Gottheits-Yoga« bezeichnet wird –, auch gehört, mir den Tod zu visualisieren, gewöhne ich mich an diesen Prozess, und so werden mir dann zur tatsächlichen Zeit meines Todes diese Schritte wahrscheinlich vertraut vorkommen. Aber ich weiß nicht, ob ich damit Erfolg haben werde oder nicht.

In der Endphase des Sterbens, also wenn alle groben Bewusstheiten sich ins All-Leere auflösen, das der fundamentale angeborene Geist klaren Lichts ist, werden die Myriaden von Gegenständen der Welt sowie auch solche Ideen wie Gleichheit und Unterschied in diesem subtilsten Geist befriedet. Zu diesem Zeitpunkt ziehen sich alle Erscheinungen von Umgebungen und Wesen von sich aus zurück. Sogar bei einem Nichtübenden ziehen sich die groben Erscheinungen zurück. Dieses Sichzurückziehen der üblichen Erscheinungen beruht jedoch nicht auf einer durch Meditation erlangten Wahrnehmung der Wirklichkeit. Wenn sich in der letzten Phase die zeitweise einsetzenden Winde, die das Bewusstsein tragen, alle aufgelöst haben, wird der Geist (des Übenden ebenso wie des Nichtübenden) so, als sei er ganz undifferenziert, und es dämmert eine makellose Offenheit auf.

Die Verwendung der tiefsten Geistesebene auf dem Weg

Als Übender ist man jedoch darauf aus, über diese gewöhnliche Leerheit hinaus zu gelangen, über diese bloße Abwesenheit von herkömmlichen Erscheinungen. Wenn das klare Licht aufdämmert, versucht man mit dem Geist des klaren Lichts selbst die außerordentliche Leerheit der innewohnenden Existenz wahrzunehmen. Das wird nicht durch Anstrengung zur Zeit des klaren Lichts zustande kommen, sondern es ergibt sich aus der Kraft der Vertrautheit, die man sich vor den Phasen der Auflösung erworben hat, und es ergibt sich aus der starken Wahrnehmung der Leerheit während des Aufdämmerns der drei Geisteszustände des weißen, rotorangefarbenen und schwarzen Erscheinens. Wenn man dazu fähig ist, das klare Licht des Todes in eine voll qualifizierte spirituelle Bewusstheit umzuwandeln, erkennt der Geist sein eigenes Gesicht, seine eigene Natur – die Wesenheit des grundlegenden Geistes.

So setzt man subtilere Geisteszustände, wenn man sie bei der spirituellen Übung verwendet, auf kraftvollere und wirksamere Weisen ein. Das zeigt, wie wichtig die ständige Einübung ist. Mittels der Vorstellung der Phasen des Todes kartografiert man also die tieferen Geisteszustände, die auch das ganze Alltagsleben hindurch vorkommen, darin jedoch gewöhnlich unbemerkt und ungenutzt bleiben.

Diese acht Phasen stellen sich in vorwärts gerichteter Reihenfolge nicht nur beim Sterben ein, sondern auch beim

Einschlafen, beim Enden eines Traums, beim Niesen, beim Ohnmächtigwerden und während des Orgasmus; und in umgekehrter Reihenfolge nicht nur dann, wenn der Sterbeprozess vollständig aufhört, sondern auch, wenn man vom Schlaf aufwacht und wenn man einen Traum beginnt sowie auch beim Ende des Niesens, Ohnmächtigwerdens und des Orgasmus.

Reihenfolge vorwärts

1. Auftauchen eines Flimmerns
2. Auftauchen von Rauch
3. Auftauchen von Lichtpunkten wie Glühwürmchen
4. Auftauchen der Flamme einer Lampe
5. Geist des lebhaften weißen Erscheinens
6. Geist der lebhaften rotorangefarbenen Steigerung des Erscheinens
7. Geist des lebhaften schwarzen Fast-Erreichthabens
8. Geist des klaren Lichts

Umgekehrte Reihenfolge

8. Geist des klaren Lichts
7. Geist des lebhaften schwarzen Fast-Erreichthabens
6. Geist der lebhaften rotorangefarbenen Steigerung des Erscheinens
5. Geist des lebhaften weißen Erscheinens
4. Auftauchen der Flamme einer Lampe
3. Auftauchen von Lichtpunkten wie Glühwürmchen

2. Auftauchen von Rauch

1. Auftauchen eines Flimmerns

In der Vorwärts-Reihenfolge lösen sich die gröberen Ebenen der Bewusstheit – die Bewusstheiten unserer fünf Sinne sowie auch unser denkender Geist und die drei subtilen Ebenen der Bewusstheit – schließlich in den grundlegenden angeborenen Geist des klaren Lichts hinein auf. Er wird als »all-leer« bezeichnet, weil er bar dieser gröberen Ebenen ist. Er ist sehr stark, aber wenn sich diese gröberen Ebenen der Bewusstheit ganz natürlich auflösen – wie sie das zum Beispiel im Tod tun –, sind wir nicht fähig, im Geist des klaren Lichts zu bleiben. Infolgedessen setzt dann nach dieser Phase der Auflösung der umgekehrte Prozess ein, und die Phänomene der dualistischen und begrifflichen Vorstellung treten wieder auf. Diese beiden Reihen, ein Vorwärtsprozess der Auflösung und ein Rückwärtsprozess der Wiederherstellung, hängen vom grundlegenden angeborenen Geist klaren Lichts ab. (Ausführlicher über die Ebenen der Bewusstheit siehe in: Seine Heiligkeit der Dalai Lama, *Mind of Clear Light: Advice on Living Well und Dying Consciously*, New York 2003.)

Im Vokabular der Neuen Übersetzungsschulen von Tibet gelten alle begriffliche Äußerungen, aus denen Handlungen hervorgehen, die wiederum zur Häufung von Veranlagungen führen, sogar als gröbere Bewusstheitszustände als die Geistesäußerungen des Auftauchens, Zunehmens und Nahezu-Erreichens, die vergehen müssen, ehe der Geist klaren Lichts aufdämmern kann. Wenn sich der Geist klaren Lichts uns offenbart hat, wir aber unfähig sind, in ihm zu verweilen, entstehen daraus die Geistesäußerungen des Nahezu-Erreichens, der Zunahme und des Erscheinens. Und es werden die achtzig begrifflichen Erfahrungen aufsteigen, die zu verunreinigten Handlungen führen, sodass sich Veranlagungen ansammeln werden. Das wirkt schädigend. Wenn jedoch die achtzig begrifflichen Erfahrungen sowie die drei Geistesverfassungen des Erscheinens, der Zunahme und des Nahezu-Erreichens enden und wir uns stetig im klaren Licht halten, können keine Begriffe und schädigenden Emotionen mehr erzeugt werden. Solange wir in diesem Zustand bleiben, sind wir außerhalb der Reichweite der Begrifflichkeit. Auf dieser Stufe können selbst die stärksten aller schädigenden Emotionen nicht störend eindringen. Das ist echtes Ruhen.

Das klare Licht in allen Formen der Bewusstheit

Das ist die Vorstellung der Neuen Übersetzungsschulen. Jedoch rühren tiefe unterscheidende Züge der Großen Vollständigkeit von der Gegenwart des klaren Lichts in allen Bewusstseinszuständen her. Wir brauchen nicht darauf zu warten, dass mittels meditativer Techniken alle die groben und subtilen Ebenen der Wind-Energie und Bewusstheit aufhören und wir den grundlegenden angeborenen Geist klaren Lichts auf unserem Weg einsetzen können. Wir brauchen nicht darauf zu warten, wenn wir so weit kommen, die Realität des Diamant-Geistes zu begreifen, diese Realitätsweise innerhalb der sechs Typen von Bewusstheiten, und dann verstehen, dass alle Erscheinungen der zyklischen Existenz und des Nirwana dank dessen Kraft und als dessen Spiel aufsteigen. Dadurch kann uns aufgehen, dass diese Phänomene nicht aus sich heraus existieren, sondern aufgrund der Kraft dieses grundlegenden Geistes, also der innerlichsten Wahrnehmung. Genau wie in Nagarjunas *Kostbarer Girlande* die zyklische Existenz als falsch erwiesen wird, weil sie in Abhängigkeit von einer falschen Ursache, nämlich der Ignoranz, entsteht, so erweisen sich auch alle diese Phänomene als falsch, obwohl die innerlichste Wahrnehmung natürlich an sich nicht falsch ist, da die Phänomene der zyklischen Existenz und des Nirwana das Spiel der innerlichsten Wahrnehmung ist, jedoch nicht als solches erscheint. Indem wir das wahrnehmen, verstehen wir unweigerlich, dass diese Phänomene nur dem Namen nach existieren. Dodrubchen sagt: Wenn wir in der Lage sind, alle erscheinenden und auftauchenden Erkenntnisobjekte als das Spiel der innerlichsten Wahrnehmung zu erkennen, können wir zwangsläufig sogar besser die philosophische Ansicht verstehen, dass diese nur dank der Kraft der Begrifflichkeit existieren.

Die Große Vollständigkeit gibt uns die Einübung, alle Phänomene der zyklischen Existenz und des Nirwana als das Spiel und Selbst-Aufleuchten des Geistes im Rahmen der Aufrechterhaltung der Achtsamkeit des Grundwesens des Geistes zu begreifen. Obwohl es verstandesmäßig kaum eine Erklärung für die Negierung der innewohnenden Existenz und der Wahrnehmung der Phänomene als nur nominell bezeichnete gibt, werden diese Fakten als Nebenprodukt des Verständnisses angesehen, dass all diese Phänomene nichts als die Manifestationen und das Spiel des klaren Lichtes sind, also der innerlichsten Wahrnehmung. Daher sind alle wichtigen Wesenselemente des Leerheits-Verständnisses, wie sie sich in der Vorstellung der Neuen Übersetzungsschulen von der Schule des Mittleren Wegs finden, in dieser Übung enthalten.

9.

Der All-Gute Diamant-Geist

In der Großen Vollständigkeit wird das natürlich aufgegangene klare Licht als »all-gut« und als »der Geistes-Held ohne Anfang und Ende« bezeichnet. Von Beginn an natürlich rein und mit Spontaneität ausgestattet, ist dieser Diamant-Geist die Grundlage aller in der zyklischen Existenz und im Nirwana auftauchenden Phänomene. Noch während wir als fühlende Wesen existieren und ungeachtet der Hervorbringung einer großen Anzahl von guten und schlechten Vorstellungen – etwa dem ausdrücklichen Begehren, dem Hassen und Verwirrtsein – ist der Diamant-Geist selbst frei von den Verunreinigungen seitens dieser Quellen. Wasser mag äußerst schmutzig sein, seiner Natur nach jedoch bleibt es immer klar – seine Natur wird vom Schmutz nicht verseucht. Ähnlich ist es mit diesem Diamant-Geist: Ganz gleich, welche schädigenden Emotionen als Spiel dieses Diamant-Geistes hochkommen, ganz gleich, wie stark sie auch sein mögen, bleibt die innerlichste Wahrnehmung selbst, also die Grundlage solcher Schwingungen, von Verschmutzung unberührt, anfangslos rein, all-gut.

Die Aufmerksamkeit auf den Raum richten

Eine der Techniken der Großen Vollständigkeit besteht darin, sein Bewusstsein auf die eigenen Augen und die Augen auf den Raum zu richten. Das ist tatsächlich eine Hilfe, denn Ihr Augen-Bewusstsein ist so stark, dass es sehr hilfreich sein kann, sogar wenn Sie meditieren. Es geht hier nicht darum, in die äußere Welt hinauszublicken; sogar in den Neuen Übersetzungsschulen heißt es, dass es zwischen dem innerlichen leeren Raum und dem äußeren leeren Raum Ähnlichkeiten gibt – auch zwischen der innerlichen Erleuchtung und der äußeren Erleuchtung. Es heißt dabei nicht, dass der äußere Raum etwas äußerst Fantastisches sei, sondern er symbolisiere den inneren Raum.

Richten Sie zunächst Ihren Körper kerzengerade auf und bewahren Sie Ihren Geist davor, von irgendetwas abgelenkt zu werden. Richten Sie Ihr Bewusstsein intensiv auf Ihre Augen und Ihre Augen auf den Raum. Lassen Sie es nicht zu, dass der Faktor des begrifflichen Verstehens irgendwie Ihren Geist befleckt; versetzen Sie sich lebhaft ins Wesen intensivster Reinheit, Lichtstärke und innerlichster Wahrnehmung.

Die innerlichste Wahrnehmung erkennen

Weil es hier darum geht, die innerlichste Wahrnehmung aus eigener Erfahrung ins Visier zu nehmen, müssen Sie dabei ganz und gar auf den einen Punkt ausgerichtet bleiben. Bis auf die Bestimmung der Natur, die ganz in Ihnen existiert, gibt es nichts außerhalb Ihrer selbst, das Sie neu beschreiben sollten. Da Sie die Wirklichkeit dieser innerlichsten Wahrnehmung ausmachen, sie in Ihrer Erfahrung zum Ausdruck bringen und dann ganz bei der Wirklichkeit dieser innerlichsten Wahrnehmung bleiben sollten, die voll und ganz in Ihnen existiert, sagt der Verfasser des Gedichts, Patrul Rinpoche: »Erkenne das innerste Gewahrsein des Wahrheits-Körpers. Sein Wesen wird in dir selbst kenntlich gemacht – das ist das erste Wesentliche.« Diese Natur hat anfangslos in Ihnen existiert, ohne neu eingerichtet werden zu müssen; Sie erkennen einfach nur deutlich, was in Ihnen ist.

Die Einführung in diese Sicht ist ganz und gar nicht leicht. Es bedarf dazu eines erfahrenen Lamas und eines gläubigen, scharfsinnigen Schülers. In den Lehren der Großen Vollständigkeit heißt es, mit einem künstlich hergestellten Geist könne man nicht erleuchtet werden, sondern man müsse die innerlichste Wahrnehmung ergründen, der zufolge alle Phänomene als das Spiel dieses Geistes zu verstehen seien. Man muss dafür beständige, auf einen Punkt konzentrierte Vergewisserung aufbringen.

Dank dieser Übung ist es nicht notwendig, immer wieder Mantras zu wiederholen, Texte zu rezitieren usw., denn man hat etwas Größeres zur Verfügung. Die anderen Übungen sind konstruiert, sie bedürfen der Anstrengung. Wenn man dagegen die innerlichste Wahrnehmung ausmacht und diese Übung beibehält, ist das eine spontane, unangestrengte Übung. Übungen, die Anstrengung verlangen, werden vom Geist ausgeführt, aber spontane, anstrengungslose Übungen finden mittels der innerlichsten Wahrnehmung statt.

Um das zu tun, genügt es nicht, Bücher zu lesen. Man braucht die volle vorbereitende Übung der Alten Übersetzungsschule und dazu auch noch die speziellen Lehren eines qualifizierten Meisters der Alten Übersetzungsschule sowie dessen Segen. Zudem muss der Übende viel Verdienst angesammelt haben. Der Meister Jigme Lingpa von der großen Alten Übersetzungsschule verbrachte drei Jahre und drei Mondphasen in Zurückgezogenheit und mit gewaltiger Anstrengung, bis sich ihm die Sphäre der innerlichsten Wahrnehmung offenbarte; das stellte sich also gar nicht so leicht ein. Ähnlich stark waren auch die Anstrengungen von Dodrubchen. Seine ganzen Schriften hindurch betont er, wer sich auf diese spontane Übung ohne Zwang einlasse, müsse sich bei allen Vorbereitungsübungen gewaltig anstrengen, von einem wirklich erfahrenen Lama in die innerlichste Wahrnehmung eingeführt werden, immer auf einen Punkt gerichtet über sie meditieren und diesem [irdischen] Leben völlig entsagen. Er sagt, nur dadurch und auf keine andere Weise könne man die Sphäre der innerlichsten Wahrnehmung erkennen.

10.

Der zweite Schlüssel

Die Meditation beibehalten

Ist man in diese Sichtweise eingeführt und hat man sie kennengelernt, muss man sich auf eine ständige Meditationsweise einlassen. Darum geht es im zweiten Schlüssel.

II.

Sodann, ob sich nach außen wendend oder im Innern bleibend,

Ob zornig oder begehrlich, glücklich oder traurig,

Zu allen Zeiten und bei allen Anlässen,

Erkenne den ausgemachten Wahrheitskörper der Urweisheit.

Bei denjenigen mit erster Bekanntschaft treffen sich mutter- und kindklares Licht.

Sei gegründet im unaussprechlichen Zustand der Eigenart der innerlichsten Wahrnehmung.

Stabilität, Glück, Lichtfülle und Wonne sollten immer und immer wieder zunichte gemacht werden.

Lass die Silbe der Methode und Weisheit plötzlich herabkommen.

Meditatives Gleichgewicht und anschließendes Erlangen sind nicht voneinander verschieden.
Ständiges Wohnen im nicht differenzierbaren Zustand,
Sitzung und Zwischen-Sitzung sind nicht getrennt.
Aber bis man Stabilität erlangt,
Muss man Meditation im Rahmen aufgegebener
Bewegung wertschätzen.
Die Praxis erfolgt im Rahmen der Aufteilung in
Sitzungen.
Zu allen Zeiten und Anlässen
Wahre die Darstellung nur des Wahrheitskörpers.
Sei fest entschlossen, dass nichts anderes sei als dieses.
Sei festgelegt auf dieses allein – das zweite Wesentliche.

Keine Gefahr

Nachdem Sie das natürliche Gesicht der innerlichsten Wahrnehmung ermittelt haben, indem Sie es in sich selbst erkundet haben, und nachdem Sie es erst einmal so erfahren haben, als sei es unter Ihnen wie Ihr eigenes Bett, also Ihr Erfahrungsboden, ist es ganz gleich, welche Art von Begrifflichkeit auftaucht oder ob Gedanken herausschwirren oder sich zurückziehen und vergehen. Und es ist gar nicht notwendig, sich vorsätzlich um das Abstellen dieser begrifflichen Vorstellungen zu bemühen. Es ist vielmehr so, dass, wenn gute oder schlechte Vorstellungen aufdämmern, wenn gute oder schlechte Dinge geschehen, Sie bei allen Gelegenheiten wahrnehmen, dass diese vom Inneren der Sphäre dieser unbehinderten, durchdringenden innerlichsten Wahrnehmung aufdämmern, die Sie bereits identifiziert haben, und wenn sie vergehen, dann vergehen sie in diese hinein.

Falls Sie in der Lage sind, mit Erfolg in der Erkenntnis der innerlichsten Wahrnehmung zu verbleiben, dann stellen selbst dann, wenn Gedanken hochkommen – ganz gleich, welche Vorstellungen sie mit sich bringen –, diese keine Gefahr dar, da Sie sie aus der Sicht sehen, dass sie ja nicht über den Bereich der innerlichsten Wahrnehmung hinausgehen. Ohne der Analyse zu bedürfen, erkennen Sie, dass sämtliche Gedanken im Kontext der innerlichsten Wahrnehmung aufsteigen und in diesem auch wieder vergehen. Folglich gilt: »Ob sich nach außen wendend oder im Innern bleibend, ob zornig oder begehrlich, glücklich oder traurig, zu allen Zeiten und bei allen Anlässen, erkenne den ausgemachten Wahrheitskörper der Urweisheit.«

Wolken und Himmel

Da dies so ist, ist es bei Gelegenheiten, wo viele verschiedene Vorstellungen erzeugt werden, gar nicht notwendig, auf Zwang zurückzugreifen und gegen die eine um die andere von ihnen Gegenmittel anzuwenden. Denken Sie vielmehr an den Wahrheits-Körper der Weisheit, den Sie vorhin entdeckt haben, und achten Sie auf ihn. Der große tibetische Yogi Milarepa sagte diesbezüglich in einem Lied: »Wolken, mögen sie aufziehen, ziehen vom Himmel selbst auf, und wenn sie vergehen, vergehen sie in den Himmel selbst hinein.«

Das ist also vergleichbar mit einem Stück Eis, das zu Wasser zerschmilzt.

Bedenken Sie auch Folgendes: Wenn Wasser schmutzig wird und Sie rühren es um, wird es immer noch schmutziger; aber wenn Sie es ruhen lassen, setzt sich der Schmutz ab, und es wird rein. Ähnlich ist es, wenn man die Vorstellungen ihrem eigenen Fließen überlässt, ihre innere Natur bedenkt und im Kontext der innerlichsten Wahrnehmung bleibt, ohne sie zu verlieren. Indem man dabeibleibt, ziehen sich die Vorstellungen zusammen und vergehen.

Die Begegnung von Mutter und Kind

Ob wir nun meditieren oder nicht und ganz gleich, wer wir sind: Von Anfang an hat es in uns die ganz natürlich erwachte innerlichste Wahrnehmung gegeben, und aus diesem Grund wird sie als »mutterklares Licht« bezeichnet. Obwohl dieses grundlegende klare Licht immer existent ist, hat man es anfangs nicht wahrgenommen, aber wenn man von einem Lama in dieses klare Licht eingeführt worden ist, wird dieser neue Zustand – jetzt, da seine Existenz erkannt ist – als »kindklares Licht« bezeichnet.

Auf diese Weise sprechen wir von zwei Zuständen der innerlichsten Wahrnehmung: der von Uranfang existenten, ganz natürlich erwachten innerlichsten Wahrnehmung, also dem mutterklaren Licht, und der erkannten innerlichsten Wahrnehmung, dem kindklaren Licht. Das *Erkennen* des natürlichen Gesichts der natürlich erwachten innerlichsten Wahrnehmung, das voll und ganz in uns existiert hat, wird als die *Begegnung* von mutter- und kindklarem Licht bezeichnet – oder auch als die *Vermischung* von mutter- und kindklarem Licht. Es handelt sich zwar in Wirklichkeit nicht um zwei Dinge, also um ein Objekt, auf das man trifft (das mutterklare Licht) und um etwas, das diesem Objekt begegnet (das kindklare Licht), oder um einen Gegenstand, der vermischt wird (das mutterklare Licht) und um jemanden, der ihn vermischt (das kindklare Licht); aber man ist auf das gestoßen, was die ganze Zeit bereits im Grundzustand voll und ganz existiert hat. Das wird metaphorisch als die Begegnung von mutter- und kindklarem Licht behandelt. Die Botschaft dieser Metapher ist, dass wir erkennen müssen, was bereits in uns ist.

Das klare Licht des Todes

In den Neuen Übersetzungsschulen wird auch beim Sterben von der Begegnung von mutter- und kindklarem Licht gesprochen. Ein wenig habe ich bereits dazu erläutert, aber lassen Sie mich hier einige weitere Einzelheiten hinzufügen. Wenn im gewöhnlichen Sterbeprozess schließlich der Geist klaren Lichts des Todes aufdämmert, ziehen sich die Erscheinungen der Welt, wie wir sie kennen, von sich aus zurück. Auf den letzten vier der acht Stufen des Sterbens werden die Winde (oder Energien), die dem Bewusstsein als Lasttiere dienen, zunehmend feiner. Wenn in der letzten Phase die vorübergehenden Winde, die das Bewusstsein tragen, sich alle aufgelöst haben, wird der Geist (des Übenden und auch des nicht Übenden) so, als sei er ganz undifferenziert, und dank der Kraft des Karmas dämmert ganz natürlich eine unbefleckte Offenheit auf.

In dieser letzten Phase des Sterbens, in der sich all die groben Bewusstheiten ins All-Leere auflösen, vergehen in diesem feinsten Geist das klare Licht, der grundlegende angeborene Geist, die Myriaden von Gegenständen der Welt sowie auch Begriffe wie Gleichheit und Verschiedenheit. Ein Übender trachtet danach, über diese gewöhnliche Leerheit, dieses bloße Abwesendsein von herkömmlichen Erscheinungen, hinauszukommen. Wenn das klare Licht aufdämmert, zielt ein Übender darauf, *mit dem Geist des klaren Lichts selbst* die außerordentliche Leerheit der innewohnenden Existenz wahrzunehmen. Das wird sich nicht dank Anstrengung zur Zeit des klaren Lichts einstellen, sondern es erwacht dank der Kraft der Vertrautheit, die man in der praktischen Meditation gewonnen hat, die man mittels starker Achtsamkeit während des Alltagslebens beibehält bis hin ans Ende des Lebens unmittelbar vor seiner Auflösung und während deren Phasen, und schließlich auch noch während des Aufdämmerns der weißen, roten und schwarzen Erscheinung. Dies alles hängt davon ab, ob man im früheren Meditieren durch intensives Üben den spirituellen Pfad kultiviert hat. Ist man ein geübter Praktizierender, so ist man vielleicht sogar dazu fähig, das klare Licht des Todes in eine vollkommen ausgebildete spirituelle Bewusstheit umzuwandeln, sodass der Geist sein eigenes Gesicht, seine eigne Natur, die Wesenheit des grundlegenden Geistes, die innerlichste Wahrnehmung erkennt.

Ist man in der Lage, kraft vorhergehenden Yoga-Trainings, den Geist klaren Lichts, der voll und ganz im gewöhnlichen Zustand in einem existiert, zu einem spirituellen Pfad umzuwandeln, wird auch das als die Begegnung von mutter- und kindklarem Licht bezeichnet oder als Vermischung von mutter- und kindklarem Licht. Der Geist klaren Lichts, der im gewöhnlichen Zustand ein natürlicher Teil von uns ist, wird als mutterklares Licht bezeichnet, und das auf dem yogischen Pfad kultivierte Licht wird als kindklares Licht bezeichnet. Wenn man zur Zeit des Aufdämmerns des mutterklaren Lichts im Tod fähig ist, es in den spirituellen Pfad umzuwandeln, bedeutet dies – in diesem Kontext –, dass sich mutter- und kindklares Licht begegnen oder vermischen. Und wiederum ist auch das nicht wirklich die Begegnung von zwei Wesenheiten. Vielmehr verwandelt sich das mutterklare Licht des Todes, das dank des Karmas aufdämmert, in eine spirituelle Bewusstheit, nämlich das kindklare Licht. Dank des vorhergehenden Trainings wird das mutterklare Licht nicht zum gewöhnlichen Geist des Todes, sondern es wird dazu verwendet, die Wahrheit der Leerheit der inhärenten Existenz wahrzunehmen. Dadurch unterhöhlt es die schädigenden Emotionen, die darauf beruhen, dass man die Phänomene als in und aus sich selbst, also unabhängig existierend versteht.

Das mutter- und kindklare Licht im Gedicht

Wenn Patrul Rinpoche sagt: »Bei denjenigen mit erster Bekanntschaft treffen sich mutter- und kindklares Licht«, ist damit die erste der beiden gerade erklärten Bedeutungen gemeint. Ein klares Licht, das mutterklare Licht, hat von Natur aus in uns existiert, nur dass wir es nicht wahrgenommen haben. Das klare Licht, in das wir von einem Lama eingeführt worden sind und das wir wahrnehmen und meditierend kultivieren, ist das kindklare Licht. Obwohl das klare Licht der innerlichsten Wahrnehmung immer dagewesen war, ist es nicht erkannt worden; das mutter- und das kindklare Licht sind einander also sozusagen noch nicht begegnet. Wenn uns jedoch ein Lama in das eingeführt hat, was angeboren schon da war, und wir es mittels der Kraft unserer eigenen inneren Erfahrung wahrgenommen haben, wird diese Wahrnehmung als die Begegnung von mutter- und kindklarem Licht bezeichnet.

In der Erfahrung bleiben

Die Kenntnis des einen aufgegangenen Gesichts der innerlichsten Wahrnehmung sollte man einfach aufrechterhalten oder sich in ihr dauerhaft einrichten. Deswegen heißt es: »Sei gegründet im unaussprechlichen Zustand der Eigenart der innerlichsten Wahrnehmung.«

In anderen Systemen des Höchsten Yoga Tantra wird dies als der grundlegende angeborene Geist klaren Lichts bezeichnet. Hier, in der Großen Vollständigkeit, ist das im Rahmen der Unterteilung in »Grundlage« und »Erscheinen der Grundlage« die erste, grundlegende innerlichste Wahrnehmung. Die innerlichste Wahrnehmung, die man als solche während des Wirkens der sechs Sammlungen der Bewusstheit erkennt – von Auge, Ohr, Nase, Zunge, Körper und mentalen Bewusstheiten –, ist die vibrierende innerlichste Wahrnehmung. Indem man die vibrierende innerlichste Wahrnehmung erkennt und in der Meditation aufrechterhält, stößt man bis zur grundlegenden innerlichsten Wahrnehmung vor.

Mit Störungen richtig umgehen

Während man auf diese Weise meditiert, können einem im Geist Erfahrungen des Glücks, der Lichtfülle und der Nichtbegrifflichkeit aufdämmern, aber diese Erfahrungen entstammen nicht der subtilsten Ebene, sondern liegen in Wirklichkeit auf einer gröberen Ebene, wirken wie eine Überlagerung und versperren die innerlichste Wahrnehmung, so wie eine Schale ein Samenkorn umhüllt. Daher ist es notwendig, sie loszuwerden. Patrul Rinpoche sagt deswegen: »Stabilität, Glück, Lichtfülle und Wonne sollten immer und immer wieder zunichte gemacht werden.« Es ist ganz wichtig, diese meditativen Erfahrungen des nicht so tiefen Glücks, der groben Lichtfülle und der Nichtbegrifflichkeit auf einer groben Geistesebene zu beenden, um die innerlichste Wahrnehmung in ihrer Nacktheit freilegen zu können. Dann wird sie von innen her erleuchtend wirken.

Wie lassen sich diese Erfahrungen beenden? Wenn spirituelle Erfahrungen auf niedrigeren Ebenen auftreten, besteht eine Möglichkeit, sie abzubrechen, darin, von Zeit zu Zeit die Silbe PAṬ auszurufen. Sprechen Sie diese Silbe fest, scharf und kurz aus, um damit diese Überlagerungen unserer innerlichsten Wahrnehmung wegzuräumen. In der Silbe

PAṬ stellen die Buchstaben PA die Methode dar, die die störenden Faktoren zusammenfasst; der Buchstabe Ṭ steht für die Weisheit, die sie durchtrennt und ausmerzt. Die Silbe PAṬ schlägt jäh wie ein Blitzstrahl zu und zertrümmert die Rinde der Anhänglichkeit an meditative Erfahrungen in winzigen Teile. »Lass die Silbe der Methode und Weisheit plötzlich herabkommen.«

Die Innenseite und die Außenseite der Meditation gleichen einander

Befindet man sich innerhalb der unaussprechlichen innersten Wahrnehmung, ist die Durchdringung ohne Hindernis. Das heißt, dass es in der Meditation keine Behinderung und Blockierung durch Objekte gibt, sodass diese Erscheinungen gestoppt werden müssten. Es ist vielmehr so, dass der Geist durch die Erscheinungen von Objekten nicht beeinflusst oder in Beschlag genommen wird, sondern einfach in der lebhaften Erkenntnis der innerlichsten Wahrnehmung verharrt. Wenn man diese Sichtweise beibehält, unterscheiden sich der als »meditatives Gleichgewicht« bezeichnete Zustand der Meditation und der »anschließendes Erreichen« genannte Zustand des Erscheinens von Gegenständen nach der Meditation kaum voneinander. Und so sind »meditatives Gleichgewicht« und »anschließendes Erlangen« nicht voneinander verschieden.

Ist man auf die innerlichste Wahrnehmung konzentriert, spielt es keine Rolle, ob man sich in einem Zustand des meditativen Gleichgewichts befindet oder in einem Zustand des Erwachtseins aus dem meditativen Gleichgewichtszustand oder außerhalb einer Sitzung in meditativem Gleichgewicht. Man mag nun in der Meditation sein und seinen Geist auf einen einzigen Gegenstand der Beobachtung konzentriert halten oder auch nicht, es ist ganz gleich, in welchem sogenannten Zustand man ist und was immer für ein Denken in einem aufdämmert – es dämmert einfach aus der Vibration der innerlichsten Wahrnehmung hervor. Kommen alle diese begrifflichen Vorstellungen aus der Weite der innerlichsten Wahrnehmung, sind sie das Spiel der innerlichsten Wahrnehmung. Sie sind das Überschäumen der innerlichsten Wahrnehmung. Ist man in der Lage, sie aus dem Inneren der innerlichsten Wahrnehmung zu sehen, erkennt man unweigerlich, dass sie innerhalb der innerlichsten Wahrnehmung geboren sind. Und was ihren Ort des Aufhörens angeht, hören sie in der innerlichsten Wahrnehmung auf. Das wird als »Erkenntnis der Begriffe« bezeichnet.

Drei Arten von Befreitwerden von Begriffen

Drei Arten des Befreitwerdens von Begriffen gibt es. Die erste gleicht der Situation, wenn man an jemandem vorbeigeht, den man bereits kennt. Die zweite ist wie eine

Schlange, die zum Knoten geformt ist und sich selbst wieder entknotet; sie wird als Selbstbefreiung von Begriffen bezeichnet. Die dritte gleicht einem Dieb, der in ein leeres Haus einbricht: Für das Haus gibt es nichts zu verlieren und für den Dieb nichts zu beschädigen; da gibt es nur das Sich-selbst-Loslassen.

Die letztere Art ist die wirksamste. Wenn man wie in der ersten Art konstatiert: »Ein Begriff ist formuliert worden«, dann hat man ihn zwar als solchen identifiziert, es kommt aber dennoch zur Wahrnehmung eines identifizierten Gegenstands, und es gibt jemanden, der identifiziert. Stattdessen sollte man nicht davon ablassen, die Qualität innerlichster Wahrnehmung beizubehalten und Begriffe produzieren zu lassen, wenn sie produziert werden; und wenn Begriffe vergehen, dann soll man sie vergehen lassen. Man sollte sie nicht betonen, sondern einfach ignorieren. Hinsichtlich ihrer eigenen Wesenheit sind sie nicht mehr als das Aufblitzen, das Aufsprühen der innerlichsten Wahrnehmung.

Aus dieser Sicht verstanden, überschreiten Begriffe nicht die Vibration der innerlichsten Wahrnehmung; sie gehen nicht über deren Spiel hinaus. Von der Sphäre der innerlichsten Wahrnehmung her gesehen ist es unerheblich, ob Begriffe produziert werden oder aufhören – sie helfen weder, noch schaden sie. Aus dieser Sicht ist die Meditation während einer formellen Sitzung nicht zu trennen von der Meditation, die sich während der Zeiten zwischen solchen Sitzungen abspielt.

Dank der Beibehaltung des unablässigen Wahrnehmens während des meditativen Gleichgewichts sollte es gar keinen Unterschied zwischen Ihrer Erfahrung während einer Meditationssitzung und der Erfahrung zwischen diesen Sitzungen geben. Quer durch alle Zustände wahren Sie immer die gleiche Sicht und bleiben konstant an Ihrem selbst errichteten Ausgangspunkt in der innerlichsten Wahrnehmung. »Wohnen im nicht differenzierbaren Zustand, Sitzung und Zwischen-Sitzung sind nicht getrennt.«

11.

Der schrittweise Weg

Ständig in die innerlichste Wahrnehmung eingetaucht zu sein ist ein Zustand für Menschen mit extrem geschärften Fähigkeiten, deren karmische Ausstattung so beschaffen ist, dass sie beim Anhören einer Einführung in die innerlichste Wahrnehmung unverzüglich von allen Hindernissen dahin befreit werden; solche Menschen wissen spontan, was mit der innerlichsten Wahrnehmung gemeint ist, und bleiben in ihr. Für Anfänger hingegen genügt es gewöhnlich nicht, zu ihnen nur von der innerlichsten Wahrnehmung zu sprechen; sie müssen sich dieser Erfahrung stufenweise annähern, indem sie sich meditativ diese Erfahrung schrittweise aneignen. Sie müssen mit vielen Wiederholungen meditativ damit vertraut werden.

Hierzu muss der Geist angespannt werden. Folglich ist es notwendig, dass sie die Geschäftigkeit übertrieben starker Aktivitäten aufgeben, bis sie mittels Meditierens in speziellen Sitzungen Beständigkeit erlangt haben, zur innerlichsten Wahrnehmung vorstoßen und diese Erfahrung im Rahmen der festgesetzten Zeitlänge aufrechterhalten können. Deswegen sagt Patrul Rinpoche: »Jedoch bis man Stabilität erlangt, muss man die Meditation im Rahmen aufgegebener

Bewegung wertschätzen. Die Praxis erfolgt im Rahmen der Aufteilung in Sitzungen.«

Die Gefahr

Aufgrund ihrer langen Bekanntschaft mit so mächtigen schädigenden Emotionen wie Lust, Wut und Voreingenommenheiten sind Meditierende insbesondere dann in Gefahr, wieder unter den Einfluss dieser alteingeführten Gefühle zu kommen, wenn sie die Sitzung verlassen und sich anderen Aktivitäten widmen, etwa wenn sie anderen Menschen begegnen, nicht hingegen, wenn sie Gebete und Ähnliches rezitieren. Deswegen ist es äußerst wichtig, sich zu allen Zeiten und unter allen Umständen der Erfahrung zu vergewissern, dass man die innerlichste Wahrnehmung kennengelernt hat – und sie sich immer und immer wieder zu vergegenwärtigen, ohne sie zu vergessen – und aus dieser Vergewisserung heraus zu handeln.

Unsere verschiedenen Vorstellungen wecken eine Vielzahl von guten und schlechten Freuden und Leiden, die alle tatsächlich nicht über den Raum der natürlich entstandenen, innerlich achtsamen Urweisheit hinausreichen, den wir als Wahrheitskörper bezeichnen. Was ihren Ursprungsort angeht: Diese umherschweifenden Gedanken steigen aus dem natürlich erwachten klaren Licht empor, und wenn man schließlich eine hohe Erkenntnis erreicht hat, verschwinden sie in denselben Raum des natürlich erwachten klaren Lichts hinein. Wenn verschiedene Erscheinungen zwischen diesen beiden Zeitpunkten wie Träume aufdämmern, muss man sie alle, mit solch innerem Wissen gewappnet, als die Bandbreite des natürlich erwachten klaren Lichts, des Wahrheitskörpers erkennen. Von daher sagt Patrul Rinpoche: »Zu allen Zeiten und Anlässen wahre die Darstellung nur des Wahrheits-Körpers.«

Zu einer Entscheidung kommen

Haben Sie darüber Gewissheit gewonnen, so sollte Ihr Geist nicht umherschweifen und denken, dass diese oder jene Übung oder das Berühren von diesem oder jenem besser sein könnte, und sich so in viele Richtungen zersplittern. Shantideva sagt dazu in der *Anleitung zum Leben als Bodhisattva*, dass dabei die Chance verloren gehe, tiefer zu dringen.

Da dies der Fall ist, orientieren Sie sich zu Anfang gründlich, und wenn Sie dann zu einem Entschluss gekommen sind, halten Sie sich unaufhörlich an diese eine Richtung. Sie sollten nicht vom Denken hin- und hergerissen werden, es könnte eine andere, bessere Übung geben. »Sei fest entschlossen, dass nichts anderes sei als dieses.«

Die Entscheidung, die man getroffen hat, ist, dass die nackte Urweisheit, der natürlich andauernde Wahrheits-

Körper, ein Buddha ist, der nie Fehler erfahren hat. Im gleichen Sinn heißt es in Maitreyas *Erhabenem Kontinuum des Großen Fahrzeugs:*

Die Mängel sind nebensächlich,
Aber die Qualitäten sind von Natur aus verliehen.

Befleckungen – die verschiedenen Arten von Defekten – lassen sich durch Gegenmittel beseitigen. Sie lassen sich ausmerzen und sind vom Geist ablösbar, und aus diesem Grund heißt es, sie seien nebensächlich. Dagegen sind die Qualitäten eines Buddhas eine natürliche Begabung, denn die Grundlage, aus der sie aufdämmern – die natürlich erwachte innerlichste Wahrnehmung des grundlegenden angeborenen Geists klaren Lichts –, ist von Uranfang in uns gegründet und tauglich dafür, Buddha-Eigenschaften zu manifestieren. Wir haben also sozusagen schon immer voll und ganz die Ursache der Buddha-Eigenschaft besessen.

Mit einem Wort: Mittels der grundlegenden angeborenen Wahrnehmungskraft sollen Sie die Übung aufrechterhalten, in der innerlichsten Wahrnehmung zu verweilen, auf die Sie früher in Ihrer inneren Erfahrung gestoßen sind, ohne dabei zu unterscheiden, ob Sie innerhalb oder außerhalb der Meditation sind. So schließt das Gedicht: »Sei festgelegt auf dieses allein – das zweite Wesentliche.«

12.

Der dritte Schlüssel

Sich selbst loslassen

Und jetzt der letzte der drei Schlüssel.

III.

Zu dieser Zeit kennt man nicht die Grundwesenheit

Aller Empfindungen von Begehren und Hass, Genüssen
und Schmerzen

Und aller nebensächlichen Begriffe und stellt keine
weitere Verbindung mit ihr her.

Indem man den Wahrheits-Körper ausmacht, die Weise
des Loslassens,

Werden sie wie Schrift auf Wasser.

Mit ununterbrochenem Selbst-Erscheinen und Selbst-
Loslassen

Ist, was immer aufdämmert, Beibehaltung nackter,
leerer Wahrnehmung.

Was immer da fluktuiert, ist das königliche Spiel des
Wahrheitskörpers,

Sich selbst reinigend, keine Spur hinterlassend. A LA
LA.

Die Art, wie das alles aufdämmert, ist wie früher,
Aber die Weisen des Loslassens sind bedeutungsvoll
anders.
Meditation ohne dies ist ein verfehlter Pfad.
Die dies ohne Meditation haben, sind im Wahrheits-
Körper.
Vertrauen findet sich im Loslassen – das dritte Wesens-
element.

Der Raum des Sich-nicht-Einmischens

Ganz gleich, welche zufälligen oder zeitweiligen Begriffe
erzeugt werden – veranschaulicht durch Lust und Hass,
Wonne und Schmerz: Erkennen Sie alle diese als bloßes
Vibrieren der innerlichsten Wahrnehmung. Die Kraft dieser begrifflichen Bewusstheiten wirkt schwächend und stellt
nicht wie zuvor eine Verknüpfung her, eine um die andere,
stärker und immer stärker werdend.

Wenn Sie in der Lage sind, die Übung des Erkennens der
innerlichsten Wahrnehmung aufrechtzuerhalten, wird der
Erfolg bei deren Einübung sogar zu solchen Zeiten hilfreich
sein, in denen Sie ein starkes Begehren und Hassen erzeugen oder in denen Sie dank eines Siegs starke Wonne oder
infolge einer Niederlage starken Schmerz empfinden. Denn
inmitten dieser Emotionen ist es von entscheidender Bedeutung, sich der innerlichsten Wahrnehmung als der Grund-

lage des Freiwerdens bewusst zu sein. Wenn Sie dazu fähig sind, in der Erfahrung der bereits erkannten Grundnatur zu bleiben – der wahren Grundlage und Weise des Loslassens –, ohne sie zu verlieren, indem Sie nicht von ihr wegschwanken, dann erscheinen Begriffe, die erzeugt werden, direkt im Kontext dieser Grundnatur und gleichen einer Schrift auf dem Wasser. Sie verschwinden unverzüglich, werden in die Sphäre der innerlichsten Wahrnehmung hinein entlassen und stellen keine Verknüpfungen mit einer nachfolgenden Verstrickung her. Sobald sie produziert werden, zerschmelzen sie in sich selbst. Wohinein werden Begriffe entlassen? In die innerlichste Wahrnehmung. Hat man den Grund-Geist ausgemacht – die Große Vollständigkeit, den Wahrheitskörper –, in den die Begriffe entlassen werden, so lösen sich die Begriffe von selbst ständig auf, sobald sie entstehen, als seien sie auf Wasser geschrieben.

Mittels des ersten Schlüssels haben Sie die innerlichste Wahrnehmung ausgemacht, und mittels des zweiten Schlüssels haben Sie gelernt, in der Meditation deren Gegenwart aufrechtzuerhalten. Jetzt liegt die Betonung auf dem Verschwinden des begrifflichen Denkens in die innerlichste Wahrnehmung hinein. »Zu dieser Zeit kennt man nicht die Grundwesenheit aller Empfindungen von Begehren und Hass, Genüssen und Schmerzen und aller nebensächlichen Begriffe und stellt keine weitere Verbindung mit ihr her. Indem man den Wahrheitskörper ausmacht, die Weise des Loslassens, werden sie wie Schrift auf Wasser.«

Welche Arten von Begriffen auch immer auftauchen mögen, erkennen Sie sie als nicht über die Natur der grundlegenden Wahrnehmung hinausgehend, indem Sie auf die leere Wesenheit im Kern von jedem von ihnen achten. Wenn Ihnen das gelingt, werden selbst die Umtriebe der Begrifflichkeit die Übung unterstützen, die Vergewisserung ihrer eigenen Wirklichkeit aufrechtzuerhalten.

Wenn Sie in der Lage sind, diese Art von Übung gut aufrechtzuerhalten, werden die Begriffe zum Unterhalt oder zur Nahrung für die nackte, leere Wahrnehmung. Wenn Begriffe auftauchen und sich unverzüglich wieder auflösen, dienen sie dazu, die Übung roher, nackter, leerer Wahrnehmung zu nähren und auszuweiten. So sagt Patrul Rinpoche:

»Mit ununterbrochenem Selbsterscheinen und Selbstloslassen ist, was immer aufdämmert, Beibehaltung nackter, leerer Wahrnehmung.«

Wenn Sie auf diese Weise frei vom äußeren Einfluss der Begrifflichkeit bleiben und in der Lage sind, die natürliche Form der innerlichsten Wahrnehmung zu erkennen und aufrechtzuerhalten, kann sie Ihnen, ganz gleich, wie sehr die Begrifflichkeit sich verändern mag, als das bloße Vibrieren, das bloße Aufsprudeln der innerlichsten Wahrnehmung aufdämmern, als das königliche Spiel des Wahrheitskörpers, als etwas, das den grundlegenden Geist bloß begleitet.

Da man keine nachfolgende Verbindung knüpft, hinterlässt das begriffliche Denken keinen Abdruck. Wie ein über den Himmel fliegender Vogel keine Spur hinterlässt, so ist es auch mit den Begriffen, welche auch immer erzeugt werden: Sie werden spurlos, löschen sich selbst aus, sie können keine anschließenden Verbindungen knüpfen. »Was immer da fluktuiert, ist das königliche Spiel des Wahrheitskörpers, sich selbst reinigend, keine Spur hinterlassend. A LA LA.« A LA LA ist Ausdruck der Freude und Zufriedenheit.

Der entscheidende Unterschied

Wenn Sie eine solche tiefe Erfahrung machen, werden zwar weiterhin Begriffe heraufdämmern. Aber nun besteht ein riesiger Unterschied zu der Art und Weise, wie Sie von ihnen befreit werden. Trotz der Tatsache, dass Ihnen immer noch genauso sehr Gedanken kommen wie zu der Zeit, ehe Sie zur innerlichsten Wahrnehmung vorgestoßen sind, entkommen Sie jetzt deren Fängen auf weithin andere Weisen. Nachdem Sie auf der ersten Stufe in die Wirklichkeit eingeführt wurden, erkennen Sie jetzt begriffliche Gedanken so, wie wenn man einem Bekannten begegnet. Sobald ein Begriff erzeugt wird, erkennen Sie ihn und denken: »Aha, ein Begriff ist erzeugt worden«, und das bewahrt Sie davor, unter seinen Einfluss zu geraten. Aber weil Sie denken: »Das ist ein Begriff«, steckt in der ersten Stufe des Sich-selbst-Loslassens immer noch eine kleine begriffliche Wahrnehmung.

Auf der zweiten Stufe des Sich-selbst-Loslassens dämmern Gedanken auf, sind aber unfähig, anschließende Ver-

knüpfungen mit irgendeinem weiteren Engagement herzustellen. Folglich können sie nicht bleiben und verschwinden
deshalb wieder. Die Begriffsbildung kann sich selbst nicht
länger am Laufen halten und löst sich auf, so wie eine ver-
knotete Schlange sich aufknotet; sie hört nicht dank eines
anderen, von außen her kommenden Gegengifts auf.

Auf der dritten, letzten und besten Stufe des Sich-selbst-
Loslassens mag zwar noch Begrifflichkeit erzeugt werden,
da das Gesicht der innerlichsten Wahrnehmung in seiner
eigenen Form erhalten bleibt und nicht verloren geht. Aber
die Begrifflichkeit kann keinen Schaden mehr anrichten.
Die Aufrechterhaltung des grundlegenden Geists ist stärker
als sie. Sie sitzt jetzt wie ein Räuber in einem leeren Haus.
Wenn ein Räuber in ein leeres Haus schlüpft, hat das leere
Haus nichts zu verlieren, und der Räuber hat nichts zu gewinnen. Die Begrifflichkeit hört folglich von selbst auf.

Von den vielen so unterschiedlichen Weisen des Sich-
selbst-Loslassens ist die dritte die tiefste. »Die Art, wie das
alles aufdämmert, ist wie früher, aber die Weisen des Loslassens sind bedeutungsvoll anders.«

Zuversicht

Ohne die Übung der Meditation der unerschaffenen innerlichsten Wahrnehmung ist die mittels Begrifflichkeit er-
schaffene Meditation lediglich eine von einem groben, vor-

übergehenden, zufälligen Geist geschaffene Übung. Ein solcher Geist ist hinsichtlich der grundlegenden angeborenen Wahrnehmung grob, weil er von Begrifflichkeit verunreinigt ist und deshalb in diesem Sinn eine fehlerhafte Wahrnehmung hat. Deswegen heißt es: Wenn man keine Meditationspraxis mit unerschaffener innerlichster Wahrnehmung habe, die auf der eigenen Erfahrung beruht, werde man unter den Einfluss von Fehlern kommen.

Wenn man jedoch dazu fähig ist, anhand einer solchen wesentlichen Unterweisung zu meditieren, wird man es nicht nötig haben, mit mental erschaffenem Zwang zu meditieren; man wird stattdessen in der innerlichsten Wahrnehmung selbst, dem Wahrheitskörper, zu zuversichtlicher Entschlusskraft kommen. »Meditation ohne dies ist ein verfehlter Pfad. Die dies ohne Meditation haben, sind im Wahrheitskörper.«

Auf der Zuversicht beruhend, die einem aufdämmert, wenn man das Selbstloslassen erfahren hat, sollten Sie Ihr Vertrauen auf dieses letzte Wesenselement setzen. »Vertrauen findet sich im Loslassen – das dritte Wesenselement.«

13.

Die Einzigartigkeit der drei Schlüssel

Der Schluss des Gedichts lautet:

Diese Sicht ist ausgestattet mit drei wesentlichen Punkten,

Wird unterstützt von der Meditation und unterstützt diese, umschlungen von erhöhtem Wissen und Einfühlungsvermögen,

Sowie von den allgemeinen Taten der Kinder des Siegers.

Selbst wenn die Siegerpräsenzen der drei Zeiten zusammen um Rat gefragt würden,

Böten sie keine dieses übertreffende Führung.

Der Offenbarer des Schatzes des Wahrheitskörpers aus der Dynamik der innerlichsten Achtsamkeit

Hob dies als Schatz aus der Unermesslichkeit der Weisheit.

Auszüge aus Erde und Stein sind davon verschieden.

Es ist das endgültige Wort von Garab Doje.

Endgültiger Auszug des erhöhten Geistes der drei Weitergaben.

Beschränkt vorgesehen für Herz-Kinder,

Ist es der tiefe Sinn.

Zwiesprache des Herzens, Herzens-Zwiesprache.

Verlier nicht diesen wesentlichen Sinn, das Wesen des Sinns!

Verschmähe nicht die Unterweisungen!

Altruismus

Die Meditation wird unterstützt von der Einübung in von Liebe und Mitgefühl motivierten altruistischen Taten. So heißt es im Gedicht: »Diese Sicht ist ausgestattet mit drei wesentlichen Punkten, wird unterstützt von der Meditation und unterstützt diese, umschlungen von erhöhtem Wissen und Einfühlungsvermögen, sowie von den allgemeinen Taten der Kinder des Siegers.«

Patrul betont, dass der allgemeine Pfad der Bodhisattvas, der sich auf von Liebe und Mitgefühl inspirierte altruistische Taten konzentriert, die Übung der drei Schlüssel verstärkt.

Die Großartigkeit des Pfads

Solange man nicht den grundlegenden angeborenen Geist klaren Lichts auf dem Pfad nutzen kann, gibt es überhaupt keinen Weg dazu, die Buddhaschaft zu erlangen. Von daher ist die einmalige substanzielle Ursache der Allwissenheit eines Buddhas einzig der grundlegende angeborene Geist klaren Lichts, die innerlichste Wahrnehmung. Da die Texte über das System der Großen Vollständigkeit eine Technik dafür erläutern, wie man rasch die grundlegende innerlichste Wahrnehmung im Kontext der Vibration der innerlichsten Wahrnehmung sogar dann erfahren kann, wenn die sechs Bewusstheiten am Arbeiten sind, ist dies ein unterscheidender Zug des Systems der Großen Vollständigkeit. Von daher gesehen sagt Patrul Rinpoche: »Selbst wenn die Siegerpräsenzen der drei Zeiten zusammen um Rat gefragt würden, böten sie keine dieses übertreffende Führung.« Damit weist er auf die Größe dieses Pfads hin.

Patrul Rinpoche ist selbst der Offenbarer dieses Texts über die Vibration der innerlichsten Wahrnehmung. Im Unterschied zu einem Schatz, den man aus der Erde gräbt, holte er ihn als Schatz aus der Sphäre der Weisheit hervor, einen Diamanten von natürlich erwachter innerlichster Wahrnehmung. Bezüglich der Texte der Alten Übersetzungsschule gibt es hier drei Stammlinien:

- Die ferne Stammlinie des heiligen Worts – die übersetzten Texte aus Indien.
- Die nahe Stammlinie der Schatz-Texte – die Texte, von denen der große Meister Padmasambhava begriff, dass sie in künftigen Zeiten von bestimmten Lehrlingen in

Tibet gebraucht würden und die er deswegen versteckte, damit sie sogar noch hundert oder tausend Jahre später von mit einem bestimmten Karma ausgestatteten Menschen ans Licht gebracht würden. Wenn dank der Segnungen von Padmasambhava selbst und infolge der Kraft des Verdiensts dieser Menschen – ihres Karmas und ihrer Gebetswünsche, dass ein solcher Schatz offenbart werden möge – die Situation reift, wird der Schatz-Text offenbart. Da selbst jetzt noch, nachdem viele Generationen vergangen sind, direkte Segnungen von Padmasambhava bleiben, wird dies als die nahe Stammlinie bezeichnet.

- Die tiefe Stammlinie rein visionärer Erfahrung. Im Rahmen der visionären Erfahrung gibt es (1) Texte, die in der spirituellen Erfahrung aufdämmern, (2) Texte, die dem mentalen Bewusstsein aufdämmern, und (3) Texte, die tatsächlich den Sinnesbewusstheiten aufdämmern.

Mit seiner Weisheit innerlichster Bewusstheit empfing Patrul Rinpoche diesen Text als Schatz, der aus der all-guten Sphäre der Weisheit der innerlichsten Wahrnehmung offenbart wurde. Deshalb sagt er: »Der Offenbarer des Schatzes des Wahrheitskörpers aus der Dynamik der innerlichsten Achtsamkeit hob dies als Schatz aus der Unermesslichkeit der Weisheit. Auszüge aus Erde und Stein sind davon verschieden.«

Eine solche Erfahrung dämmert jäh in deinem eigenen Denken auf, als Schatz der Weite der speziellen Wahrnehmung. Das ist wirklich erstaunlich, und es geschieht auch heutzutage. Müsste jemand über diese Themen schreiben und dabei mit begrifflichen Gedanken arbeiten, so würde ihm die Abfassung dieses Textes sehr schwerfallen. Wenn man jedoch bis zu einer nackten, all-guten, innerlichsten Wahrnehmung gelangt und mit ihr über viele Lebenszeiten hin vertraut worden ist, wird eine solche meditative innerlichste Wahrnehmung mit einer derartigen Kapazität aufgeladen, dass man sich an Erfahrungen von vor hundert, tausend, zehntausend und hunderttausend Lebenszeiten so erinnern kann, als seien sie einem erst gestern widerfahren. Und man kann sich an Lehren erinnern, die man früher empfangen hat und die in der Weite der innerlichsten Wahrnehmung verwahrt wurden. Es gibt heute einen Lama der Alten Übersetzungsschule, der derartige erstaunliche Erinnerungen an die Aktivierung des Zugangs zur Dynamik der innerlichsten Wahrnehmung hat – er kann sich an Ereignisse aus der Zeit von Padmasambhavas Anwesenheit in Tibet im 8. Jahrhundert erinnern, sowie auch an seine eigenen ungewöhnlichen Geburten – was wirklich fantastisch ist!

Patrul Rinpoche bezeichnet sein Gedicht als das Schlusswort des wichtigsten indischen Gurus der Stammlinie der Alten Übersetzungsschule, Garab Dorje: »Es ist das endgültige Wort von Garab Doje. Endgültiger Auszug des erhöhten Geistes der drei Weitergaben.« Diese Lehre enthält die drei Überlieferungen des Siegers Longchen Rabjam, des allwissenden Khyentse Oser Jigme Lingpa und des am Anfang des Gedichts genannten Jigme Gyalwe Nyugu. Er erwies darin diesen drei großen Lamas der Tradition der Alten Übersetzungsschule Ehre und verwendete ihre Namen dazu, auf das Sehen, die Meditation und das Verhalten zu verweisen. Da es eine hervorragende Zusammenfassung seines Texts bietet, habe ich deren Besprechung für hier vorgesehen:

Ehrerbietung den Lamas.
Das Sehen ist die vielfältige große Ausweitung (Longchen Rabjam).
Die Meditation ist Lichtstrahlen der Erkenntnis und Empathie (Khyentse Oser).
Das Verhalten ist der Schössling eines Siegers (Gyalwe Nyugu).
Für jemanden, der auf diese Weise praktiziert,
Gibt es kein Zögern bezüglich der Buddhaschaft in einem Leben.
Obwohl nicht solches, erstaunliche glückselige Wahrnehmung!
A LA LA!

Die Dreiheit von Sehen, Meditation und Verhalten

Wie gerade ganz zu Anfang des Texts erwähnt, erweist der Verfasser den Lamas Ehre, weil Lamas (Gurus) für diese Art von Übung namens »Tantra« und auch »Mantra« ganz allgemein wichtig sind, und insbesondere in der großen Vollständigkeit für jemanden, der darauf aus ist, die Einführung in die natürlich erwachte innerlichste Wahrnehmung zu praktizieren. Für einen solchen Menschen kommt es ganz entscheidend auf den gläubigen Respekt vor den Lamas an. Da dies so ist, beginnt unser Verfasser Patrul Jigme Chokyi Wangpo mit seiner »Ehrerbietung den Lamas«, die Zusammensetzungen aller Quellen der Zuflucht vor den Problemen des Kreislaufs von Leiden und Endlichkeit sind.

Weil Lamas so wichtig sind, spricht er von den drei Themen des Sehens, der Meditation und des Verhaltens und gebraucht dabei die Namen von zwei seiner indirekten Lamas, Longchen Rabjam (»Vielfältige große Ausdehnung«) und Khyentse Oser (»Lichtstrahlen der Erkenntnis und Einfühlung«, dessen anderer Name Jigpe Lingpa ist) sowie den Namen seines eigenen derzeitigen unmittelbaren Lamas Gyalwe Nyugu (»Schössling eines Siegers«, eines Schülers von Jigme Lingpa, dessen längerer Name Jigme Gyalwe Nyugu ist). Auf diese Weise stellt der Verfasser die Sichtweise und Meditation und das Verhalten in Verbindung mit dem Sinn der Namen seiner indirekten und direkten Lamas vor. Diese sollen jetzt hier der Reihe nach erklärt werden.

Das Sehen, die vielfältige große Ausweitung

Das Sehen der Realität ist die Buddhanatur jenseits der Aus-
uferungen der dualistischen Begrifflichkeit. Sowohl die
Alte Übersetzungsschule als auch die Neuen Übersetzungsschulen des tibetischen Buddhismus sprechen vom Sehen
als der Urweisheit des klaren Lichts, der »Matrix des zum
Glück Gelangten«. Die Urweisheit des klaren Lichts selbst
ist nicht unabhängig und von Natur aus existent, sondern
bar aller begrifflichen Wucherungen – eine von Anfang an
reine Wesenheit mit spontaner Natur. Diese reine, spontane
Matrix ist die Grundlage des Erscheinens der zyklischen
Existenz und des Nirwana, und so ist das Sehen selbst die
große Ausweitung, aus der alle die Vervielfältigungen der
Phänomene aufdämmern und in die sie sich wieder zurückziehen. Deswegen sagt Patrul Rinpoche: »Das Sehen ist
die vielfältige große Ausweitung (Longchen Rabjam).« Auf
diese Weise spricht er vom Sehen als »der vielfachen großen
Ausweitung«, was der Sinn des Namens seines indirekten
Quell-Lamas Longchen Rabjam ist.

Das Sehen, über das man meditieren soll, ist die von Natur
aus reine Buddha-Natur namens »Matrix-des-zur-Glück-
seligkeit-Gegangenen«, die die große Weite, die Sphäre der
Realität durchdringt. Das Wissen, dass alle Erscheinungen
der zyklischen Existenz und des Nirwana in dieser gleichen Realität vollständig sind, ist das Sehen selbst – und
von daher die vielfältige, unendliche große Ausdehnung,
die Weite.

Vom Sehen der Großen Vollständigkeit heißt es, dass es jenseits des Geistes sei, aber hinsichtlich dessen, wie es mit Worten ausgedrückt wird, bezieht sich hier »Sehen« hauptsächlich nicht auf das, was man sieht, sondern auf die sehende Bewusstheit. So bezieht es sich also auf »das sehende Subjekt« und nicht auf »das Sehen als dem gesehenen Gegenstand«. Dennoch müssen wir uns hier daran erinnern, dass solche Begriffe womöglich gar nicht relevant sind, da das Sehen hier jenseits des Geistes ist und »Subjekt und Objekt« in die Sphäre des Geistes eingebunden sind.

Alle Phänomene sind in der großen Sphäre der innerlichsten Wahrnehmung enthalten, der Grundlage, aus der alle Phänomene aufdämmern – der Grundlage des Erscheinens. Vom Zwischen von Grundlage und Erscheinen her ist die innerlichste Wahrnehmung die Grundlage, und ihr Vibrieren ist Erscheinen. Diese sogenannte »all-gute innerlichste Wahrnehmung« selbst ist das Sehen, die vielfache große Ausdehnung.

Meditation. Lichtstrahlen der Erkenntnis und Empathie

Hat man diese Sichtweise hervorgerufen, erzeugt man spontan Mitgefühl für die fühlenden Wesen, die infolge von Unwissen diese Sichtweise nicht verstehen. Deswegen sagt Patrul Rinpoche: »Die Meditation ist Lichtstrahlen der Erkenntnis und Empathie (Khyentse Oser).« »Lichtstrahlen der Erkenntnis und Empathie« ist die eigentliche Bedeutung des Namens von Khyentse Oser. Im Rahmen der Unterscheidung zwischen der innerlichsten Wahrnehmung und dem Vibrieren der innerlichsten Wahrnehmung umfasst das Vibrieren der innerlichsten Wahrnehmung acht Typen von spontanen Erscheinungen. Ein Typus davon ist das alldurchdringende Mitgefühl – Lichtstrahlen der Erkenntnis und Empathie. Und aus der Meditation darüber entstehen spontane Faktoren des Überspringens oder des spontanen Fortschritts, während die vielfache große Ausweitung die Übung des Durchbruchs ist, wesentliche Reinheit.

Wenn man im Verlauf der Einführung ins natürliche Angesicht der innerlichsten Wahrnehmung in ihrer Nacktheit dazu fähig ist, in der Ausweitung der innerlichsten Wahrnehmung zu verweilen, die eine natürliche, angeborene Wahrnehmung ist, tauchen in der Meditation diese spontanen Faktoren von sich aus auf. »Nacktheit« bedeutet hier, dass die hindernde Verunreinigung durch Begrifflichkeit ausgeräumt ist. Man hat die Begrifflichkeit wie ein Kleidungsstück abgelegt, und der Körper ist ganz nackt, ist reine Wahrnehmung.

Wenn die Erfahrung der innerlichsten Wahrnehmung auftaucht, kommt mit ihr auch die grundlegende Wahrnehmung einher und vollendet die Übung der Meditation. Und an diesem Punkt kann der Praktizierende schlussendlich entscheiden, dass das Gewünschte, nämlich die Befreiung, nicht über die Ausdehnung der innerlichsten Wahrnehmung hinausgeht, und dass das, was abgelegt werden muss, nämlich die zyklische Existenz, nicht über das Vibrieren der innerlichsten Wahrnehmung hinausgeht. Dadurch sieht man beides – das Gute und das Schlechte, Nirwana und zyklische Existenz, Hoffnungen und Ängste, dies alles – schlussendlich als das Spiel, die Vibration und das Aufsprudeln der innerlichsten Wahrnehmung.

Das Verhalten, der Schössling eines Siegers

Solange man dabei bleibt, nicht von der Erfahrung dieser ungehinderten Ausweitung der innerlichsten Wahrnehmung abzuschweifen – ganz gleich, welches Verhalten man an den Tag legt –, hat es einen ganz bestimmten Charakter und ist wie das Verkosten eines einzigen Geschmacks. In diesem Sinn sagt Patrul Rinpoche: »Das Verhalten ist der Schössling eines Siegers (Gyalwe Nyugu).« »Schössling eines Siegers« ist der Name von Gyalwe Nyugu. Weil man eine mitfühlende Motivation und durchdringende Weisheit hat, engagiert man sich in altruistischem Verhalten und hilft anderen. Diese altruistisch motivierten, von Erkenntnis der Wirklichkeit erfüllten Taten sind der Schössling, der einen zum Buddha verwandelt.

Man muss die Übung der innerlichsten Wahrnehmung in ihrem eigenen nackten Zustand an den Tag legen und darin meditieren. Wenn man eine solche erfahrungsmäßige Sichtweise erlangt, ist es nicht notwendig, außerhalb ihres Umfelds nach Meditation oder einem bestimmten Verhalten zu suchen. Wenn man aus der Sphäre dieser Sichtweise heraus die Übung beibehält, heißt es, dass

- die Sichtweise wie ein unverrückbarer Berg bleibt.
- *die Meditation als Ozean bleibt.* Ganz gleich, wie viele Wellen auf der Oberfläche sein mögen, bleiben die Tiefen dennoch stabil. Wenn man darin eingeführt ist und erfahrungsmäßig die innerlichste Wahrnehmung kennengelernt hat, dann wird darin die grundlegende Achtsamkeit wie die Sonne und das Sonnenlicht erschaffen. Dann muss man die Wahrnehmung nicht mehr durch Einüben oder Tätigsein erwerben; sie ist einem wie angeboren.
- *das Verhalten als Erscheinung bleibt.* Wenn man die innerlichste Wahrnehmung erfasst und diese Sichtweise erfahren hat, dann können so viele Begriffe oder Gegenstände wie auch immer auftauchen: Man läuft ihnen nicht nach und lässt sich nicht von ihnen in Beschlag nehmen, sondern bleibt lebhaft im Kontext der innerlichsten Wahrnehmung, sodass es gar nicht notwendig ist, Unterscheidungen zwischen den Verhaltensweisen zu treffen, die man annehmen und denjenigen, die man ablegen sollte, denn man ist dann jenseits von Zustandebringen und Aufhören, Hoffen und Befürchten.

Wenn Sie als Praktizierender in der Lage sind, diese Art von Sehen, Meditieren und Verhalten fruchtbar auf die richtige Weise zu praktizieren, haben Sie die Möglichkeit, schon in dieser Ihrer Lebenszeit die Buddhaschaft zu erlangen. Das ist dann gar nicht so schwer. »Für jemanden, der auf diese Weise praktiziert, gibt es kein Zögern bezüglich der Buddhaschaft in einem Leben.«

Aber selbst wenn Sie die Buddhaschaft in dieser Lebenszeit nicht erlangen, können Sie mittels der Übung altruistischer Motivation und durchdringender Weisheit einen hohen Grad der Verwirklichung dauerhaft erreichen, sodass Sie nicht unter den Einfluss schlechter Umstände geraten, die im Lauf dieser Lebenszeit auftauchen könnten. Sie werden dann nicht von Aufeinanderfolgen von Hoffnungen und Ängsten überrollt werden, sondern dazu fähig sein, auch schlechte Umstände auf dem Pfad zu nutzen, und Sie werden von Lebenszeit zu Lebenszeit und von Glück zu Glück fortschreiten und in der Lage sein, höher und immer höher aufzusteigen. »Obwohl nicht solches, erstaunliche glückselige Wahrnehmung! A LA LA!« Selbst wenn Sie in dieser Lebenszeit die Buddhaschaft nicht erreichen sollten, werden Sie erstaunlich glücklich sein: »O wie wunderbar!«

Die Schlusszeilen des Gedichts

Zum Schluss des Gedichts weist Patrul Rinpoche auf die Bedeutung dieser Übung hin: »Begrenzt für Herz-Kinder vorgesehen, ist das der tiefe Sinn. Zwiesprache für das Herz, Herzens-Zwiesprache. Verliere nicht diesen wesentlichen

Sinn, das Wesen des Sinns! Vernachlässige nicht die Unterweisungen!«

Von daher sagt Dodrubchen: »Ob die Verwirklichung zustande kommt, hängt von deinem Bemühen ab.« Wir müssen uns ständig Mühe geben. Es gibt keine Möglichkeit, zu erhoffen, dass man dieses Große leicht oder schnell erlangt.

Vierter Teil

Vergleich zwischen der Alten und den Neuen Übersetzungsschulen

14.
Grundstrukturen in der Alten Übersetzungsschule der Großen Vollständigkeit

Lassen Sie uns jetzt zwei ineinandergreifende Themen der Großen Vollständigkeit besprechen, angefangen mit den beiden Wahrheiten, nämlich der letzten Wahrheit und den herkömmlichen Wahrheiten, und sodann die Dreiheit von Grundlage, Pfaden und Früchten der Pfade.

Die zwei Wahrheiten

Die grundlegende und lichtvolle klare Lichtnatur ist letztlich die Wurzel aller Geister – für immer unzerstörbar und unwandelbar wie ein Diamant. Im Buddhismus wird dieser Aspekt des Geistes als permanent betrachtet, und zwar in dem Sinn, dass sein Kontinuum ununterbrochen ist: Es hat schon immer existiert und wird für immer weiterbestehen und ist daher nichts durch Ursachen und Umstände Neubegonnenes.

Rein von Anfang an und ausgestattet mit einer Spontan-

Natur, ist dieser Diamant-Geist die Grundlage aller spirituellen Entwicklung. Selbst während er eine große Vielzahl guter und schlechter Vorstellungen wie Begehren, Hass und Irreführung erzeugt, ist der Diamant-Geist selbst von den Verderbnissen dieser Befleckungen frei, so wie der Himmel, der trotz aller Wolken immer existiert.

Wasser bleibt selbst dann, wenn es äußerst schmutzig ist, seiner Natur nach klar. Ähnlich ist das beim Diamant-Geist: Ganz gleich, welche betrübliche Emotionen dieser Diamant-Geist an den Tag legen mag, und ganz gleich, wie stark sie sein mögen, bleibt die innerlichste Wahrnehmung selbst von Befleckung unberührt; sie ist anfang- und endlos gut.

In diesem Diamant-Geist sind wundervolle spirituelle Qualitäten wie etwa grenzenlose Liebe und Mitgefühl ihrer Grundform nach angelegt; deren Manifestation wird lediglich durch bestimmte zeitweilige Umstände verhindert. In einem gewissen Sinn sind wir von allem Anfang an erleuchtet, also mit einem vollkommen guten Grundgeist ausgestattet.

In der Tradition der Alten Übersetzungsschule des tibetischen Buddhismus wird dem Diamant-Geist der Rang der endgültigen Wahrheit zugeschrieben. Diese endgültige Wahrheit wird nicht in dem Sinn verstanden, dass es sich um ein von einem Bewusstsein gefundenes Objekt handele, dem die Leerheit aufgeht, wie man das in der Schule des Mittleren Wegs versteht. Die endgültige Wahrheit ist vielmehr die innerlichste Wahrnehmung, das klare Licht ohne Anfang und Ende, die Grundlage aller Phänomene des zyklischen Daseins und des Nirwana. Da sie jenseits aller zufälligen Phänomene liegt, wird sie als die endgültige Wahrheit bezeichnet. Ihr Spiel, ihre Manifestationen, ihr Aufsprudeln oder grobe Formen davon sind die herkömmlichen Wahrheiten.

Sogar in den Neuen Übersetzungsschulen dient der grundlegende Geist auch als Grundlage aller Phänomene der zyklischen Existenz und des Nirwana und gilt als die letzte Wahrheit, die wahre Natur der Phänomene. Zuweilen wird er auch als das »klare Licht« und »unzusammengesetzt« bezeichnet. In der Alten Übersetzungsschule wird er »Diamant-Geist« genannt. Das ist nicht der Geist, der bei der Aufteilung in innerlichste Wahrnehmung *(rig pa)* und Geist *(sems)* in Gegensatz zur innerlichsten Wahrnehmung gesetzt wird, sondern die innerlichste Wahrnehmung selbst, der tiefgreifende Faktor der reinen Lichtfülle und Erkenntnis, die Urwurzel allen Geistes – für immer unzerstörbar, unwandelbar und von unzerbrechlicher Dauer wie ein Diamant.

Genau wie in den Neuen Übersetzungsschulen von einem anfang- und endlosen angeborenen Geist klaren Lichts die Rede ist, spricht man auch in der Alten Übersetzungsschule von einem Diamant-Geist, der weder Anfang noch Ende hat und ohne Unterbrechung bis ins fruchtbringende Stadium der Buddhaschaft vordringt. Er wird als »andauernd« in dem Sinn betrachtet, dass er für immer bleibt. Andauernd ist er insofern, als sein Kontinuum nicht unterbrochen wird. Das ist eine Analogie zu der Aussage in Maitreyas *Zierde für die klaren Wahrnehmungen*, dass die erhabenen Tätigkeiten eines Buddhas als andauernd betrachtet werden, und zwar in dem Sinn, dass sie unerschöpflich sind und ihr Andauern nie unterbrochen wird. Genau wie die erhabenen Tätigkeiten eines Buddhas als »andauernd« seiend gelten, hat auch das klare Licht schon vom Uranfang an und anfanglos existiert, ohne neu erzeugt zu werden; es ist unablässig da und von daher ständig innewohnend. Der grundlegende angeborene Geist klaren Lichts ist auch insofern unzusammengesetzt, als er nicht von hinzukommender Art und Weise ist und nicht von Ursachen und Umständen neu produziert wird.

Den Begriff »unzusammengesetzt« versteht man im Allgemeinen auf zwei unterschiedliche Arten: Mit der einen ist gemeint, dass das klare Licht ganz und gar nicht aus Ursachen und Bedingungen entstanden ist, und mit dem anderen, dass es nicht neu aus Ursachen und Wirkungen geschaffen wurde, sondern vom Uranfang an da war und folglich ein ständiges Kontinuum besitzt. Solche Begriffe muss man in ihrem Kontext verstehen. So haben zum Beispiel manche weise Gelehrte gesagt, dass alles Existierende notwendigerweise »zusammengesetzt« sei. Das mag so wirken, als ob diese Gelehrten infrage stellten, dass permanente Phänomene existierten, da sie ja nicht aus Ursachen und

Bedingungen zusammengesetzt oder gemacht seien. Tatsächlich sagen sie jedoch, dass alle Phänomene, gleich welcher Art, einschließlich der permanenten, in Abhängigkeit davon eingerichtet seien, dass sie vom Denken konstituiert werden; das ist der Gesichtspunkt, unter dem sie sagen, dass alle Phänomene zusammengesetzt seien.

Es heißt auch, dass die ganz natürlich erwachte innerlichste Wahrnehmung jenseits von Bewusstsein und Denken sei. Wir müssen verstehen, dass deswegen, weil all dies: Herstellung, Aufhören, Zusammengesetztes, nicht Zusammengesetztes usw. sich innerhalb des Zauns der mentalen Begriffe befindet, die natürlich erwachte innerlichste Wahrnehmung eine Natur jenseits des Denkens hat und deswegen außerhalb des Bereichs dessen ist, was mittels Terminologie und Begrifflichkeit gesetzt wird. Aus diesem Grund sagt man, dass die innerlichste Wahrnehmung jenseits von Denken und Ausdruck liege.

Grundlage, Pfade und Früchte

Lassen Sie mich versuchen, Ihnen gemäß der Großen Vollständigkeit kurz und knapp die Grundlage, die Pfade und die Früchte vorzustellen. Da es kompliziert ist, haben Sie bitte mit mir Geduld.

Die Grundlage:
Reine Wesenheit von Anfang an und
spontane Natur

Die Grundstruktur der Großen Vollständigkeit ist dreifach: reine Wesenheit von Anfang an, spontane Natur und Mitgefühl:

Die *Wesenheit* der innerlichsten Wahrnehmung ist von Grund aus rein, ganz natürlich von Anfang an ohne Probleme, oder mit dem Vokabular der »Schule des Mittleren Wegs« gesprochen, von Natur aus leer von einer ihr innewohnenden Existenz. Innerhalb der Sphäre dieser *Natur* bloßer Lichtfülle und Erkenntnis erscheinen alle reinen und unreinen Phänomene als das Spiel oder die Manifestation ihrer spontanen Natur. Alle diese Erscheinungen und auftauchenden Phänomene tragen den Charakter dieser spontanen Natur. Das ungehinderte Aufleuchten der innerlichsten Wahrnehmung wird sogar als *Mitgefühl* bezeichnet, denn seine Wirkung sind mitfühlende Tätigkeiten, die aus der von Natur aus reinen Wesenheit und spontanen Natur des Diamant-Rings aufsteigen.

Die ersten beiden davon – reine Wesenheit von Anfang an und spontane Natur – sind die Basis oder Grundlage, und sie sind von zentraler Bedeutung. Wenn wir diese Art von Vokabular der Alten Übersetzungsschule mit derjenigen der

Neuen Übersetzungsschulen vergleichen, könnten wir sagen, dass das Sprechen von der »Wesensreinheit« sich auf den Aspekt der Leerheit bezieht und die Spontaneität auf den Aspekt des Erscheinens. So ist in der Alten Übersetzungsschule die Grundlage die »Wesensreinheit und Spontaneität«, während in den anderen Schulen die Grundlage »Leerheit und Erscheinen« sind.

Es lässt sich zwar ein Zusammenhang von Wesensreinheit und Leerheit und ein Zusammenhang von Spontaneität und Erscheinen herstellen, aber man sollte verstehen, dass das Vokabular von »Wesensreinheit und Spontaneität« im Kontext des Bemühens verwendet wird, die von Natur aus erwachte innerlichste Wahrnehmung als die endgültige Wahrheit anzusehen, wohingegen in der Alten Übersetzungsschule der Begriff »endgültige Wahrheit« einen besonderen Sinn hat. In der besonderen Darstellung der Alten Übersetzungsschule ist vor allem die letzte Wahrheit leer von zufälligen Phänomenen, und von daher ist hier die letzte Wahrheit eine »Anders-Leerheit«. Das heißt, dass die letzte Wahrheit, die wesentliche Reinheit der grundlegende angeborene Geist klaren Lichts ist, der ursprünglich und grundlegend ist, wohingegen konventionelle Wahrheiten alle anderen Phänomene sind, die im Verhältnis zu diesem zufällig sind; die letzte Wahrheit ist leer von ihnen und folglich eine »Anders-Leerheit«.

Auf diese Weise ist die letzte Wahrheit selbst ein Einssein der Leerheit der innewohnenden Existenz und der innerlichsten Wahrnehmung. Und obwohl es Gelegenheiten gibt, bei denen der Begriff »Wesensreinheit« zur Bezeichnung der innerlichsten Wahrnehmung benutzt wird, bezieht er sich doch im Allgemeinen auf die Leerheit der inhärenten Existenz, wie sie in Buddhas Lehre vorgestellt wird, und zwar im sogenannten »mittleren Rad« der Lehre.

Der Begriff »Spontaneität« lässt sich so verstehen, dass er sich auf das Endziel des Denkens des dritten und letzten Rades der Lehre bezieht, auch wenn das dort nicht voll ausgeführt wird und auch, obwohl es nur im Höchsten Yoga-Tantra voll ausgeführt wird. Das spontane Erscheinen ist der endgültige Sinn, auf den die Lehre von der Buddha-Natur in der letzten Drehung des Rads der Doktrin zielt, und das ist das spontane klare Licht. Auf diese Weise erhalten diese zwei Elemente – »reine Wesenheit von Anfang an« und »Spontaneität« – den Status der Basis, der Grundlage.

Ohne die Einwirkung der Reinheit von Anfang an können Befleckungen nicht behoben und schließlich ausgemerzt werden. Aber selbst mit der Reinheit von Anfang an gäbe es ohne den Sinn für Spontaneität keinen Weg, sich zu einem Buddha zu entwickeln. So umfasst also die Basis des spirituellen Pfads wesensmäßige Reinheit und Spontaneität.

Der Pfad: Durchbruch und Übersprung

Der spirituelle Pfad wird auf dieser Basis praktiziert, der Basis wesensmäßiger Reinheit und Spontaneität. Im Kontext der wesensmäßigen Reinheit praktiziert man den Pfad des Durchbruchs, und im Kontext der Spontaneität oder des spontanen Erscheinens den Pfad des Übersprungs.

Wenn man eine Aufspaltung in die Grundlage und das Erscheinen der Grundlage macht, sind »Reinheit von Beginn an« und »Spontaneität« die vorrangig vorhandene innerlichste Wahrnehmung, die der Ausgangspunkt aller zyklischen Existenz und des Nirwana ist und die Situation der Grundlage enthält. Sodann verwendet man gelegentlich des Pfads Praktiken namens »Durchbruch« dazu, über den Sinn der Reinheit von Anfang an zu meditieren, sowie Praktiken namens »Übersprung«, um im Kontext der Spontaneität zunehmend mehr Stufen unangepasster, nichtkünstlicher Erscheinung zu bewältigen.

Die Früchte des Pfads: innere Lichtfülle und äußere Lichtfülle

Wenn in Abhängigkeit von den Pfaden des Durchbruchs und des Übersprungs deren Früchte verwirklicht sind, werden der Wahrheitskörper, der von Anfang an eine innerliche Manifestation der Reinheit ist, und der vollständige Wonnekörper, der eine äußere Manifestation der Spontaneität ist, verwirklicht. Genau wie in der Basis sind hier wesensmäßige Reinheit und die Natur der Spontaneität, und zur Zeit des Pfads sind Durchbruch und Übersprung, sodass, wenn sich durch die Pfade des Durchbruchs und des Übersprungs die Früchte der Übung manifestieren, der wesensmäßig reine, innerlich lichtvolle Wahrheitskörper und der spontane, äußerlich lichtvolle vollständig Wonnekörper sind.

Die Reinheit dämmert von Anfang an innerlich als der Wahrheitskörper auf, der in direkter Wahrnehmung nur unter Buddhas erfahren wird und noch Übenden nicht direkt erscheint. Deswegen wird das die Erfüllung des eigenen Wohlergehens genannt. Sie manifestiert sich nur denjenigen Wesen innerlich, die mit ihr in ihrem eigenen Kontinuum ausgestattet sind, von Übenden wird sie nicht äußerlich genossen; deswegen bezeichnet man sie als »Reinheit vom Anfang her, die sich innerlich als der Wahrheitskörper eines Buddhas manifestiert.« Tatsächlich kreist die Unterabteilung des Wahrheitskörpers namens »Urweisheits-Wahrheits-Körper« ganz und gar um die innerlichste Wahrnehmung.

Die Spontaneität manifestiert sich äußerlich als der vollständige Wonnekörper eines Buddhas. Denn in Abhängigkeit von spontanen Erscheinungen dämmern nach außen orientierte Erscheinungen als Formen auf, die tatsächlich das Wohlergehen anderer herbeiführen. Von diesen heißt es sogar zuweilen, dass dies Erscheinungen seien, die in den Kontinuen der Übenden selbst enthalten sind. Beruhend auf der Spontaneität und in Abhängigkeit vom Pfad des Übersprungs dämmert gemäß den Interessen und Dispositionen der Übenden das Spiel verschiedener reiner und unreiner Erscheinungen von Emanationen auf, und diese sind dementsprechend der vollständige Wonnekörper und sich nach außen manifestierende Emanationskörper.

Ein spezieller Sinn von »Meditation«

In der Alten Übersetzungsschule bedeutet »Meditation« über den tiefen Geist, dass der Geist selbst die Tiefennatur des Geists ausmacht und sie in der Meditation beibehält, jedoch nicht im Stil des Meditierens über einen Gegenstand. Wenn dieser tiefe Geist sich manifestiert, manifestiert er sich einfach. Da man, schon ehe man die Wesenheit dieses tiefen Geists kontaktiert und identifiziert hatte, sich durch die Übung des Durchbruchs der Leerheit der dem Geist innewohnenden Existenz versichert hatte und man darauf achtet, woraus der Geist aufsteigt, wo er sich aufhält und wohinein er geht, erscheint dann ein Geist, den man als von einer Leerheit von inhärenter Existenz qualifiziert versteht.

Selbst wenn man dies so bezeichnen kann, dass man etwas kultiviert, was mehr ist, als sich auf die bloße Abwesenheit einer inhärenten Existenz zu konzentrieren, gleicht das dennoch nicht dem Kompositum aus Erscheinung und Leerheit – einer Elimination der innewohnenden Existenz, die zugleich auch die Erscheinung eines Gegenstands ist, bezeichnet als »illusionsähnliche Erscheinung«, über die man auf einer gröberen Bewusstseinsstufe meditiert, sondern die Meditation geht hier mit einem subtileren Geist vor sich. Wenn die Vertrautheit mit der innerlichsten Wahrnehmung stärker wird, nimmt der Komplex von begrifflichen Vorstellungen schrittweise ab, und die Bewusstheit wird immer subtiler, und das klare Licht manifestiert sich in seiner Fülle.

Selbst den Neuen Übersetzungsschulen zufolge erscheint die Leerheit der inhärenten Existenz, wenn sich das klare Licht manifestiert. Laut der Erläuterung des Gelehrten und Übenden der Neuen Schule, Norsang Gyatsho, erscheint die Leerheit, wenn das klare Licht sogar einem gewöhnlichen Menschen im Tod erscheint, aber sie wird nicht festgestellt. Denn wenn irgendein Wesen, selbst ein Käfer, stirbt, kommt es zum Vergehen einer groben dualistischen Erscheinung. Es ist nicht so, dass die Erscheinung der inhärenten Existenz verschwindet oder übliche Erscheinungen vergehen, vielmehr verschwinden gröbere übliche Erscheinungen.

Zur Zeit des klaren Lichts des Todes erscheint die Leerheit, aber der Mensch – es sei denn, er ist ein hoch entwickelter Yogi – kann das nicht mit Gewissheit behaupten, weil sie infolge der Ausmerzung der inhärenten Existenz nicht erscheint. Wenn jedoch der Geist sich selbst identifiziert und das von einem Menschen getan wird, der sich der Leerheit vergewissert hat, vergeht die dualistische Erscheinung, sodass kein Zweifel besteht, dass dieser Geist eine einzige nicht differenzierbare Wesenheit mit Leerheit ist; dadurch wird das Vergehen einer dualistischen Erscheinung in die Leerheit hinein voll realisiert.

Die stufenweise Verringerung der Begrifflichkeit

Wenn ein Yogi in der Großen Vollständigkeit sich immer mehr daran gewöhnt, mit subtilem Geist über das Kompositum aus Leerheit und Erscheinung zu meditieren – über das Erscheinen und dennoch Leersein dieses Grund-Geists, wobei man den Geist als mit der Leerheit inhärenter Existenz ausgestattet versteht –, dann nimmt in der Sphäre der innerlichsten Wahrnehmung das Auftauchen begrifflicher Wucherungen stufenweise ab und ermöglicht es, dass sich das ganz feine klare Licht zeigt. Aus diesem Grund ist es offensichtlich, dass alle die Faktoren, die bei der Kultivierung der Anschauung von der Leerheit mitspielen, wie sie in den Neuen Übersetzungsschulen vorgestellt werden, in der Meditation über die Große Vollständigkeit enthalten sind.

Das klare Licht mitten in jeder Bewusstheit erkennen

In den Neuen Übersetzungsschulen heißt es, die Aktualisierung des grundlegenden angeborenen Geists klaren Lichts sei gleichzeitig mit der Manifestation der sechs operativen Bewusstheiten unmöglich – also von Auge, Ohr, Nase, Zunge, Körper und mentalem Bewusstsein. Laut den Neuen Übersetzungsschulen ist es vorher notwendig, sämtliche gröbere Bewusstheiten aufzulösen und sie so zu behandeln, als seien sie untauglich; erst dann werde der grundlegende Geist nackt erscheinen. Laut den Neuen Übersetzungsschulen ist es unmöglich, dass eine grobe und eine subtile Bewusstheit gleichzeitig eintreten können.

Laut der Alten Übersetzungsschule der Großen Vollständigkeit ist es dagegen möglich, ins klare Licht eingeführt zu werden, ohne dass die sechs operativen Bewusstheiten aufhören müssen. Selbst wenn in der Begegnung mit einem Gegenstand, dem wir fälschlicherweise ein Gut- oder Schlechtsein über seine tatsächliche Natur hinaus zugeschrieben hatten, eine betrübliche Emotion erzeugt, verfüge die betrübliche Emotion über eine Wesensnatur reiner Lichtfülle und Erkenntnis. Da der Geist klaren Lichts also den Grundcharakter einer Wesenheit reiner Lichtfülle und Erkenntnis habe, lasse sich der allgemeine Charakter des klaren Lichts sogar mitten in jeder groben, betrüblichen Bewusstheit erkennen, wie etwa im Begehren oder Hass.

Von daher sagt Dodrubchen, die reine Lichtfülle und Erkenntnis durchdringe alle Bewusstheiten und lasse sich sogar während der Erzeugung einer stark betrüblichen Emotion wahrnehmen, ohne dass dabei die sechs operativen Bewusstheiten aussetzen müssten. So besteht also der Unterschied zwischen der Alten Übersetzungsschule und den Neuen Übersetzungsschulen darin, dass zu Anfang der Übung des Erkennens der innerlichsten Wahrnehmung in der Großen Vollständigkeit ein solches Abschalten der sechs operativen Bewusstheiten nicht notwendig ist. Vielmehr kann der Yogi die gröberen Bewusstheiten lassen, wie sie sind, und das klare Licht identifizieren.

Wenn diese Identifikation erfolgt ist, ist es nicht notwendig, vorsätzlich Begriffe wie gut und schlecht auszumerzen. Stattdessen ist es so, dass, ganz gleich, welche Begriffe auftauchen, diese über keine Kraft verfügen, den Übenden abzulenken, der dazu fähig ist, punktgenau auf die Wahrnehmung reiner Lichtfülle und Erkenntnis konzentriert zu bleiben. Dadurch nehmen die Bedingungen für die Erzeugung der unangemessenen mentalen Aktivität, falsche Mutmaßungen über Phänomene anzustellen, an Stärke ab, und die Begrifflichkeit kann nicht wirklich in die Gänge kommen und verliert nach und nach an Stärke. Auf diese Weise gelingt es der Lehre von der Großen Vollständigkeit, auf einzigartige Weise jemanden, der in die innerlichste Wahrnehmung eingeführt worden ist und sie gut erfasst hat, in das Sehen, die Meditation und das Verhalten einzuführen.

15.

Hinweis

Wenn wir uns um innere Entwicklung bemühen, ist es sehr schwierig und fast unmöglich, damit binnen kurzer Zeit sehr erfolgreich zu sein. Deswegen sollten wir zu Anfang unserer Übung nicht zu viel erwarten. Mit der mentalen Einstellung der Geduld und mit starker Entschlossenheit wird sich im Lauf der Zeit und Jahr für Jahr ein innerer Fortschritt ergeben. Oder, wie es ein tibetischer Lama ausdrückte: »Wenn man plötzlich darauf blickt, kann es einem so vorkommen, als sei es für jemanden wie einen selbst unmöglich, das zustande zu bringen. Aber zusammengesetzte Phänomene bleiben nicht, wie sie sind; sie verändern sich mit den Umständen.« Falls wir uns nicht entmutigen lassen und uns beharrlich Mühe geben, kann etwas, wovon wir gedacht hatten, das sei nicht in hundert Jahren zu schaffen, an einem einzigen Tag zustande kommen.

Wesentlich sind Willensstärke und feste Entschlossenheit. Zudem ist bei unserer Einübung der inneren Entwicklung ein Alltagsverhalten, das moralischen Grundsätzen gehorcht, ganz entscheidend dafür, dass es sowohl uns als auch der Gesellschaft gut geht.

Manche werden vielleicht das Gefühl haben, dass diese

Art Übung unpraktisch oder unrealistisch ist. Aber mit Geduld kann man sogar wilde Tiere wie etwa Tiger und Löwen zähmen. Umso mehr können wir Menschen, die wir mit einem so guten Gehirn und Potenzial ausgestattet sind, alles zähmen. Wenn wir diese Übungen mit Geduld erproben, können wir es fühlen und aus eigener Erfahrung erkennen, dass sich der Geist zähmen lässt. Das Gleiche gilt auch für einen selbstsüchtigen Menschen: Zunächst muss dieser Mensch mit selbstsüchtiger Motivation seine Fehler erkennen. Und er muss die Vorteile erkennen, die es mit sich bringt, wenn man weniger selbstsüchtig ist. Und wenn ihm das aufgegangen ist, übt er sich darin ein und versucht, die kontraproduktive Seite einzudämmen und die gute Seite zu entwickeln. Wenn man das im Alltagsleben zustande bringt, kann diese Art Übung schrittweise sehr wirksam und wertvoll werden.

Wenn man sich sein Verhalten genauer ansieht, kann man dahinterkommen, ob der eigene Geist gezähmt ist oder nicht. Man ist dabei sein eigener Zeuge. Es gibt zwei Arten von Zeugen – andere oder einen selbst –, aber wenn es um die innere Entwicklung geht, ist Ihr eigenes Zeugnis das wichtigere.

Wenn solche, die von sich behaupten, dass sie sich in ihrer Übung an Lehren der Güte und Liebenswürdigkeit usw. halten, ein gutes und vernünftiges Leben führen, ist das für andere ein anschauliches Beispiel und kann ihnen helfen, auch bei sich selbst den Wert solcher Übungen zu erfahren. Menschen, die behaupten, bestimmte Übungen einzuhalten, deren Verhalten und Lebensweise aber nicht gut und vernünftig sind, sammeln nicht nur bei sich selbst Untugend an, sondern schädigen auch ganz allgemein diese Lehre. Daher ist es wichtig, sich dessen bewusst zu sein. Dazu möchte ich aufrufen.

Da wir als Menschen geboren sind, verfügen wir über ein physisches System, das uns hilft, mit Leichtigkeit sowohl unsere zeitlichen als auch unsere größeren Ziele zu erreichen. Da uns nun einmal diese verheißungsvolle Lebensform beschieden ist, die unter den Myriaden von auf dieser Welt geborenen Formen einmalig ist, ist es wichtig, dass wir sie nicht vergeuden. Würden wir in dieser Situation nur deswegen Übungen machen, um für uns selbst in künftigen Wiedergeburten ein gutes Leben zu erlangen, würden wir unser Potenzial nicht voll ausschöpfen. Oder falls wir nur darauf aus wären, uns selbst aus den Verstrickungen ins Leiden zu befreien, würden wir auch damit das in uns angelegte Potenzial viel zu wenig nutzen. Mit unserem Menschsein sollten wir alles in unserer Macht Stehende tun, um die vollkommene, vollständige spirituelle Entwicklung zu erlangen, damit wir dadurch am stärksten anderen zum Wohl gereichen können. Zumindest sollten wir versuchen, ein bisschen gütiger zu sein.

Anhang

Drei Schlüssel,
die zum Kern vordringen

Dza Patrul Jigme Chokyi Wangpo

Der volle Titel von Patrul Rinpoches Gedicht lautet:
Die Einzigartigkeit des weisen glorreichen Monarchen:
Drei Schlüssel, die zum Kern vordringen

Ehrerbietung den Lamas.
Das Sehen ist die vielfältige große Ausweitung (Longchen Rabjam).
Die Meditation ist Lichtstrahlen der Erkenntnis und Empathie (Khyentse Oser).
Das Verhalten ist der Schössling eines Siegers (Gyalwe Nyugu).
Für jemanden, der auf diese Weise praktiziert,
gibt es kein Zögern bezüglich der Buddhaschaft in einem Leben.
Obwohl nicht solches, erstaunliche glückselige Wahrnehmung! A LA LA!

Das Sehen, die vielfältige Weite
Ist im Wesentlichen praktisch unterteilt in drei Schlüssel.

I.

Zuerst versetze deinen Geist in einen entspannten Zustand,

dass er nichts aussendet, nichts zurückzieht, ohne Begrifflichkeit ist.

In diesem entspannten Zustand völliger Absorption

Rufe jäh PAṬ, das dein Gewahrsein anreißt,

kräftig, laut, kurz. E MA HO!

Nicht irgendetwas, verblüffend.

Verblüffend, ungehindertes Eindringen.

Ungehindertes Eindringen, nicht ausdrückbar.

Erkenne die innerlichste Wahrnehmung des Wahrheitskörpers.

Ihr Wesen wird in dir selbst kenntlich gemacht – das ist
das erste Wesentliche.

II.

Sodann, ob sich nach außen wendend oder im Innern
bleibend,

ob zornig oder begehrlich, glücklich oder traurig,

zu allen Zeiten und bei allen Anlässen,

erkenne den ausgemachten Wahrheitskörper der Urweisheit.

Bei denjenigen mit erster Bekanntschaft treffen sich mut-
ter- und kindklares Licht.

Sei gegründet im unaussprechlichen Zustand der Eigenart
der innerlichsten Wahrnehmung.

Stabilität, Glück, Lichtfülle und Wonne sollten immer und immer wieder zunichte gemacht werden.

Lass die Silbe der Methode und Weisheit plötzlich herabkommen.

Meditatives Gleichgewicht und anschließendes Erlangen sind nicht voneinander verschieden.

Ständiges Wohnen im nicht differenzierbaren Zustand, Sitzung und Zwischen-Sitzung sind nicht getrennt.

Jedoch bis man Stabilität erlangt,

muss man Meditation im Rahmen aufgegebener Bewegung wertschätzen.

Die Übung erfolgt im Rahmen der Aufteilung in Sitzungen.

Zu allen Zeiten und Anlässen

Wahre die Darstellung nur des Wahrheitskörpers.

Sei fest entschlossen, dass nichts anderes sei als dieses.

Sei festgelegt auf dieses allein – das zweite Wesentliche.

III.

Zu dieser Zeit kennt man nicht die Grundwesenheit

Aller Empfindungen von Begehren und Hass, Genüssen und Schmerzen

Und aller nebensächlichen Begriffe und stellt keine weitere Verbindung mit ihr her.

Indem man den Wahrheitskörper ausmacht, die Weise des Loslassens,

werden sie wie Schrift auf Wasser.

Mit ununterbrochenem Selbst-Erscheinen und Selbst-
Loslassen

Ist, was immer aufdämmert, Beibehaltung nackter, leerer
Wahrnehmung.

Was immer da fluktuiert, ist das königliche Spiel des
Wahrheitskörpers,

sich selbst reinigend, keine Spur hinterlassend. A LA LA.

Die Art, wie das alles aufdämmert, ist wie früher,

aber die Weisen des Loslassens sind bedeutungsvoll anders.

Meditation ohne dies ist ein verfehlter Pfad.

Die dies ohne Meditation haben, sind im Wahrheitskörper.

Vertrauen findet sich im Loslassen – das dritte Wesenselement.

Diese Sicht ist ausgestattet mit drei wesentlichen Punkten,

wird unterstützt von der Meditation und unterstützt diese,

umschlungen von erhöhtem Wissen und Einfühlungsvermögen,

sowie von den allgemeinen Taten der Kinder des Siegers.

Selbst wenn die Siegerpräsenzen der drei Zeiten zusammen um Rat gefragt würden,

böten sie keine dieses übertreffende Führung.

Der Offenbarer des Schatzes des Wahrheitskörpers aus der
Dynamik der innerlichsten Achtsamkeit

Hob dies als Schatz aus der Unermesslichkeit der Weisheit.

Auszüge aus Erde und Stein sind davon verschieden.

Es ist das endgültige Wort von Garab Doje.

Endgültiger Auszug des erhöhten Geistes der drei Weiter-
gaben.
Beschränkt vorgesehen für Herz-Kinder,
ist es der tiefe Sinn.
Zwiesprache des Herzens, Herzens-Zwiesprache.
Verlier nicht diesen wesentlichen Sinn, das Wesen des
Sinns!
Verschmähe nicht die Unterweisungen!